自転車でめぐる静岡スケッチ帖

岩本陽子

静岡新聞社

はじめに

はじめまして。
「走るイラストレーター」の岩本陽子です。
自転車との出会いは数年前の7月のパリ。
シャンゼリゼ通りを歩いていると、
石畳から地響きが聞こえてきました。
振り向くと数百人のサイクリストが
凱旋門を目掛けて一斉に走っていくところでした。
圧倒されて、思わず腰が抜けそうになりました。
後で知人に話すと、
その年は世界最大級のロードレースである
「ツール・ド・フランス」100周年。
それにちなんだ走行会を見かけたのではないか
ということでした。
あの時見た参加者の生き生きとした笑顔が
印象的で、私は興奮をそのまま持ち帰りました。

帰国後すぐロードバイクを購入したのは
言うまでもありません。

レーサーのように
ガンガン走るタイプではない私が
静岡県内や北海道、台湾を巡って
目に留まった街並み、おいしいもの、
出会った方たちの思い出をスケッチし
愛を込めてこの本にまとめました。

手に取っていただいた皆さん誰もが
自転車をより身近に感じ、
自由に楽しむきっかけになれば
こんなに嬉しいことはありません。

さあ、楽しい自転車旅のはじまりです。

シャンゼリゼは黄色一色。
それが「ツール・ド・フランス」のメインカラーと
知らなかった私。

CONTENTS

はじめに 2
御前崎つゆひかり快走コース 7
4コマ漫画「整体へ行く」 20
富士山納涼コース 21
4コマ漫画「私の父」 34
十勝ゆるゆるコース【番外編】 35
4コマ漫画「豊頃よいとこ」 42
中遠たてものコース 43
4コマ漫画「風とコーヒー」 56
秋てんこもり！ 新城コース 57
4コマ漫画「さらば自転車」 70
中伊豆大地の息吹コース 71
4コマ漫画「雨対策」 84
牧之原ｄｅバター作りコース【番外編】 85
バターで作ってみよう お菓子レシピ 88
用宗 興津しおさいコース 89
4コマ漫画「イチオシ!! 牧之原周遊コースをもうひとつ」 102
台湾西岸トロピカルコース【番外編】 103
4コマ漫画「力を入れるおまじない」 112

これでバッチリ！メンテナンス 113
いつでも一緒♡自転車GOODS 122
INDEX（掲載施設情報） 124
あとがき 126

自転車に乗る時の注意点

基本的に車道の左側を走行してください。走行可能な歩道や自転車歩行者道では歩行者優先の上、十分に注意して走行してください。自転車は軽車両です。信号や一時停止を守るのはもちろん、夜間のライト点灯など交通規則を必ず順守してください。サイクリング中の安全については、読者の皆さんの責任と判断のもとで確保してください。

本書について

本書の取材時期は2017年5月〜2018年2月にかけて、各コースを実走したものです。本書に記載してある道路状況、地名、施設名等の名称や位置は変更されている場合があります。各コースのイラスト地図は縮尺やスペースの関係上、省略している箇所があります。

実際の走行ルートは、QRコードを読み込むとウェブサイト「ルートラボ」からご覧いただけます。サイクリング中のルートチェックや地図で省略されている箇所の確認にご活用ください。本書に登場する主な施設情報を、巻末のINDEXで紹介します。

コース紹介!!
台湾西岸トロピカルコース
十勝ゆるゆるコース
秋てんこもり!新城コース
富士山納涼コース
牧之原deバター作りコース
中伊豆大地の息吹コース
中遠たてものコース
御前崎つゆひかり快走コース
用宗 興津しおさいコース

御前崎つゆひかり快走コース

毎年新茶の季節、
御前崎産「つゆひかり」をワンコインで
スイーツとともにはしごできるイベント
「つゆひかりカフェ」。
お茶屋さんを自転車で巡り、
ティータイムを楽しむ
51㎞ガイド付きツアーに参加した!

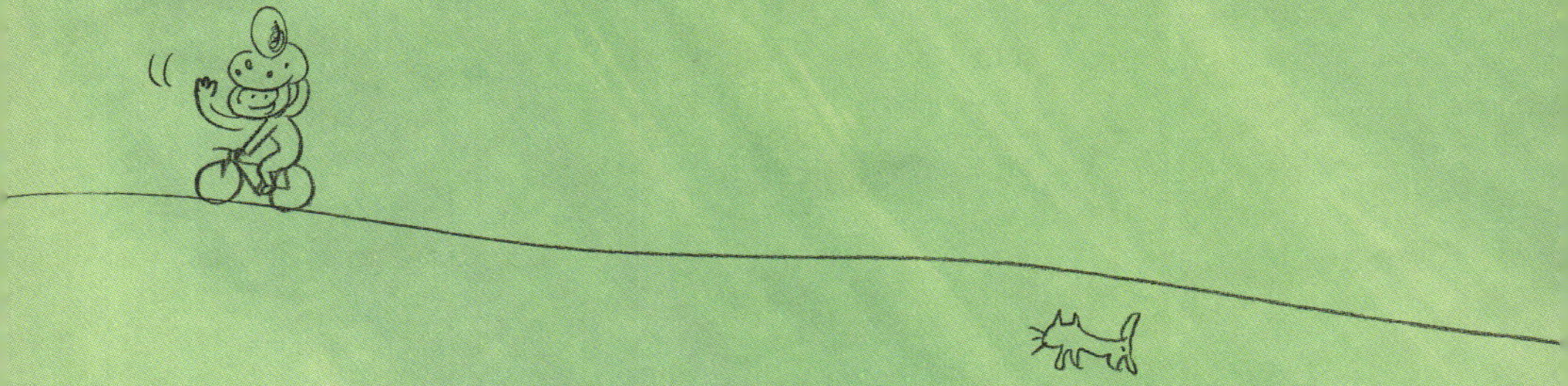

スタート 0km 掛川市役所大東支所
3km 潮騒橋
20km あらさわふる里公園
22km あらさわふる里公園 展望台
24km 牧之原製茶
28km マルタケ製茶
40km 道の駅　風のマルシェ御前崎
43km 御前崎市丸尾記念館
ゴール 51km 掛川市役所大東支所

潮風に誘われ南進

5月初旬、朝も早くから茶産地・牧之原台地では、茶刈り機の〝ヴォーン〟という音が響き、白いお茶袋を山積みにした軽トラックがまぶしい緑の中を忙しそうに走り回る。牧之原台地の南側に位置する御前崎市では毎年新茶の季節に、製茶店や食事処で「つゆひかりカフェ」が開く。ワンコイン500円で3カ所を立ち寄ることができる。味わえるのは、御前崎で普及が進む早生の「つゆひかり」。「新茶をいただいて、思う存分走りたい！ ついでにスイーツも！」。居ても立ってもいられず、私もスローライフ掛川【自転車】部室が主催する「つゆひかりカフェ巡りツアー」に参加した。

出発点は、お隣の掛川市南部にある市役所大東支所。左手に菊川を見て南へハンドルを向けた。平たんな道を進んでいくと、潮の香りが漂ってくる。前方の木々の間から、

サーフィンや、最近人気の
「Stand Up puddle Boad」
をたのしむ人もいた

ガーターベルト姿
ににているような…？
この橋

変わった形の橋が見え隠れし始めた。河口に近づくにつれ、ドドーンと風に揺れるカーテンのような存在感。吊床版橋としては国内最長を誇る「潮騒橋」だ。自転車と歩行者専用というから、さらに魅力的。橋マニアの間では知られた存在らしい。

アーチのトップ部分まで上ると、ペダルで地球の肌をトレースしているような感覚になる。自転車を止めてひと休み。白い砂浜に紺碧の遠州灘。コントラストに息をのむ。眼下では、サーファーたちがカラフルなボードを自在に操っていた。

橋を渡り終え、松林を抜けて間もなく御前崎市に入った。この辺は比較的交通量が少なく道幅も適度に広い。ジャガイモやタマネギなど砂地を利用した畑が遠くまで続く。その先、丘の上にお城風の建物が見えてくる。静岡カントリー浜岡コース&ホテル。2002年のサッカーワールドカップでイングランド代表が宿泊したことで話題になったところだ。当時はベッカムファンが詰めかけて、お祭り騒ぎのようだったとか。ホテル前を過ぎ、さらに北方面へ。

海に行きたく
なっちゃってさ。
風の強い日は
脱走する
こいのぼりもいます。

サイクリング序盤に眺めた
水平線が今は遠く見える。
牧之原台地の地形のおもしろさを
味わえる場所

20km

20分ほど走り、新野地区に出た。いよいよ茶畑が見えてきた。道端にはお茶刈りの袋が散らばっている。農家さんが忙しい手を止めて気さくに声をかけてくれた。

下朝比奈地区にある「あらさわふる里公園」でトイレ休憩。園内の展望台を目指す。緩やかなカーブが続く坂道沿いにも、一面に茶畑が広がっている。傍らを車が勢いよく通り抜けていくため、油断はできない。中腹にある展望台は、駿河湾の絶景を望むビューポイント。海上の船からも私たちのことが丸見えなんじゃない!? 上空でこいのぼりが気持ち良さそうに泳いでいた。

お茶の歴史にも触れて

坂を越えた先の右手側につゆひかりの茶畑があった。茶農家さんによると、つゆひかりの新芽は明るい緑

棚に陳列する お茶屋さんの缶

色をしていて、従来種に比べて葉が薄く、大きさも少し小さいのだそうだ。さあ、待ちに待ったつゆひかりカフェ巡りの1軒目だ。

上朝比奈地区の「牧之原製茶」で参加チケットを購入した。テーブルには、カフェ参加者の書き込みノートが置かれている。毎年足を運ぶファンもいて、思わずページをめくる手がアツくなる。小ぶりなカップに注がれた入れたてを一口。スッキリとした緑の香り。ほのかな甘みに思わずため息が出た。やっとの思いでたどり着いた至福の一杯。きっと昔の旅人たちも同じように味わって、疲れを癒やし活力を得たのだろう。

牧之原市と御前崎市とを分ける県道69号沿いを東へ走ると、今までの坂がうそみたいに平らな茶畑の景色が続く。まるで緑のしま模様のテーブルクロスを広げたみたい。ミュージシャンでサイクリストだった忌野清志郎も牧之原台地を走った時、信号もなく、どこもかしこも茶畑なので迷いに迷ったという。確かにうなずける。

次々とスイーツを用意してくれる太っ腹の奥さん

マルタケ製茶さんの店内ではお茶の香炉のこうばしいかおりが…

お店の外でお茶畑を眺めつつのつゆひかりカフェ!

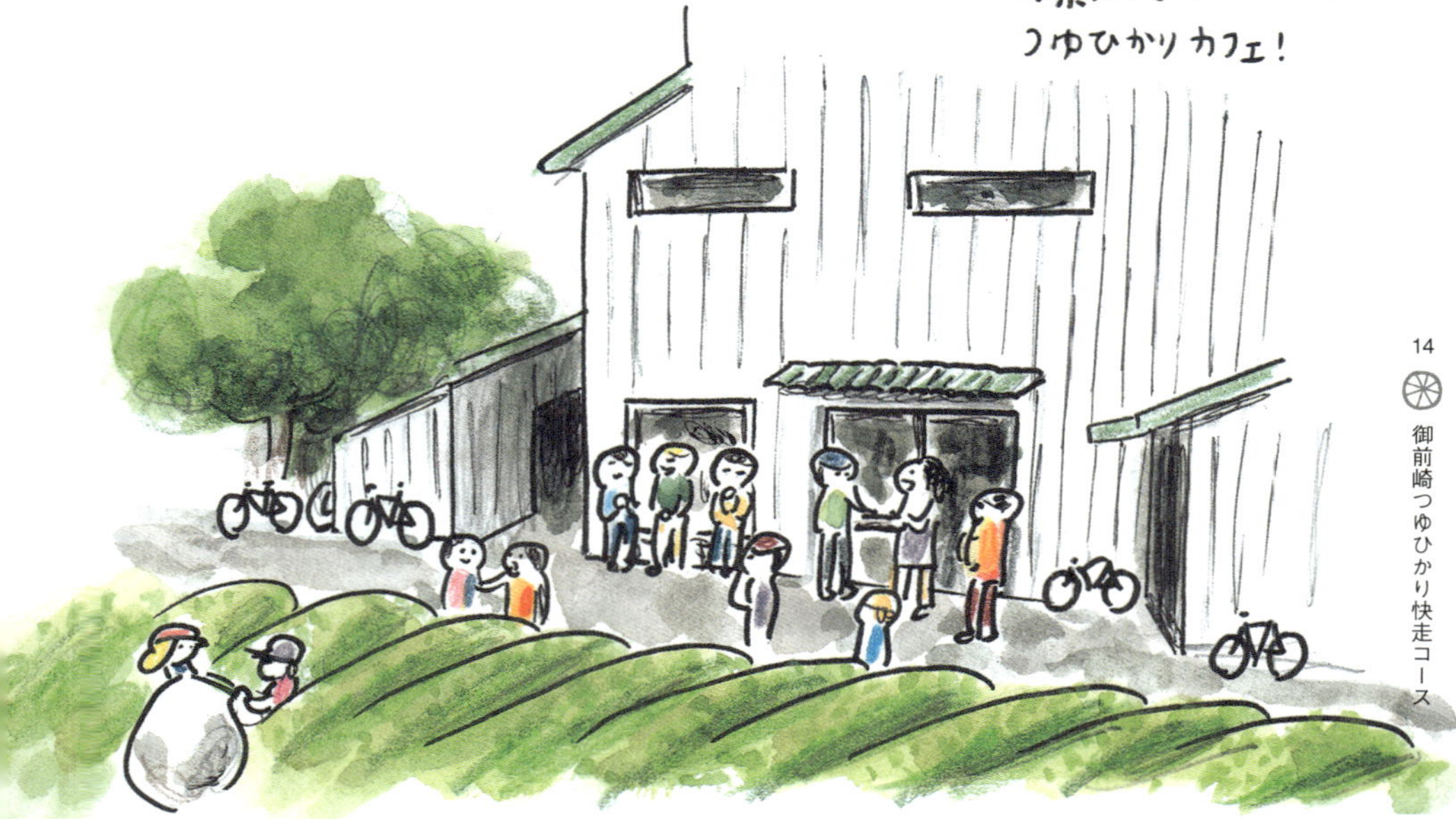

香り高い至福の一杯

そのしま模様の茶畑の中を駆け抜けること15分。2軒目の「マルタケ製茶」に着いた。こちらは温茶&冷茶を味わえる。スイーツは、つゆひかりパウダーと洋酒の利いたマドレーヌ。茶刈りをする農家さんの姿を眺めながらのくつろぎタイムだ。

乗降式タイプのお茶刈り機をメンテナンス中のお父さん

茶娘さんたちが
笑顔で
おもてなし

牧之原台地を下り、海の香りがする旧浜岡町池新田方面へ。下ってみると実感するのは、牧之原台地ほどスケールの大きな茶畑風景はないということ。今まで苦労して坂を上ってきたのに、ここで一気に南下してしまうのは何だかもったいないけれど、視界を遮るものがない。ビュンビュン茶畑が飛んでゆくみたい。

地元の定食屋で昼食を済ませ、再び南へ。国道150号をまたぎ、海岸に近い平たんな道を走る。工場が多いせいか道幅が広い。農家の人たちがスイカの苗を植えている姿も見える。のどかな道を進み、「道の駅 風のマルシェ御前崎」に到着した。ここでは、しずおか御前崎茶商協同組合が季節ならではの新茶のつめ放題や呈茶サービスを行い、大勢のお客さんでにぎわっていた。

　再び牧之原台地方面を目指して走り、次は池新田にある「丸尾記念館」へ。ここは、丸尾徳三郎（初代）から3代の遺徳を顕彰する記念館。江戸末期に建てられた丸尾邸を修復し、代々受け継がれてきた調度品や古民具、浮世絵なども展示している。数あるカフェの中でも、風流なおもてなしが受けられるスポットだろう。シューズを脱ぎ、広々とした縁側で足を投げ出したい気持ちになる。

　玄関前には、池の広がる庭園があり、水鏡に映るカキツバタが初夏を感じさせる。ふとのぞくと、真っ黒い雲のような固まりがうねるように泳いでいる。目を凝らすと、オタマジャクシの集団。管理人の藤田雄一さん曰く、ここで育ったオタマジャクシはカエルに成長すると池を一斉に這い出して庭を横断し、そばの林の方へ消えてゆく。庭一面が、黒い川の状態になるそうだ。

　思いがけない話にあ然としていたら、念願のおもてなしが登場した。抹茶と庭のカキツバタをモチーフに

丸尾記念館の庭園

した紫色が美しい生菓子。まったりと過ごすお座敷に何よりの彩りだ。

　室内に目をやると、南洲こと西郷隆盛や、山岡鉄舟、勝海舟ら幕末の偉人の書が掲げられている。徳三郎の兄の文六は、鉄舟や海舟らとも交流があり、大井川の川越し人足の失業対策として牧之原台地を開墾し茶の栽培を行いアメリカまで茶を輸出。当時、生糸と並ぶ二大輸出品にまで成長させた人物だそうだ。3代目の謙二は、池新田農学校（現・県立池新田高校）の初代校長を務めた人物。展示品を眺めながら、幕末の歴史がぐっと身近になり、丸尾家が郷土に残した功績をあらためて実感した。

池より這い出す
カエルの大群

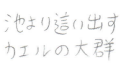

丸尾記念館から出発点へ戻る。到着はスタートから9時間後の午後5時頃だった。走ったカロリー分以上食べてしまったけれど、サイクリングの最中って、どうしてお茶とスイーツがこんなにおいしいんだろう。

気が付けば日も傾き、夕暮れが迫っていた。新緑の茶畑の中を自転車で駆け巡り、歴史スポットにも立ち寄り、つゆひかりカフェ三昧の1日。お腹もココロも満腹だった。

memo 1

つゆひかりカフェとは

「つゆひかり」をもっと身近に飲んでもらいたいと、御前崎市茶業振興協議会が毎年4月下旬〜5月上旬の2週間、県内外のお店と協力して催すカフェイベント。協議会などお茶製造関係はもちろん、文房具店やサーフショップなども参加する。

memo 2

スローライフ掛川【自転車】部室とは

自転車で掛川を中心とした遠州地方の魅力を再発見し、発信するガイドサイクリングを年間7回開催している。その活動とは別に毎月第2土曜日に朝のスローサイクリングも行っている。ちなみに私も部員の一人。
http://www.slowlife.info

御前崎つゆひかりコース

ルートラボ

https://yahoo.jp/fNGVxJ

整体へ行く

富士山納涼コース

日差しのコントラストが最も美しい夏。
日本一の富士山を眺めながら
ペダルを漕ぎ、せせらぎに耳を傾ける。
夕暮れの富士山本宮浅間大社でお祭りも楽しんだ、
水の恵みに感謝しながらの 40㎞の旅。

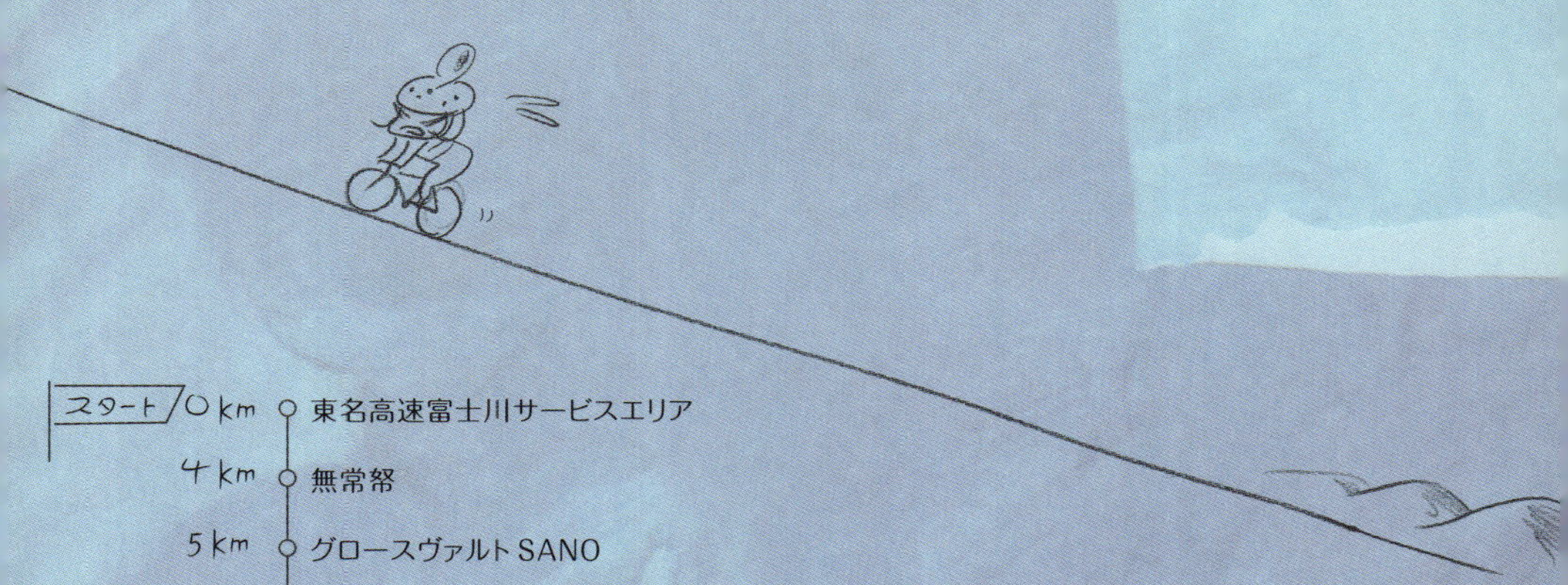

- スタート 0km 東名高速富士川サービスエリア
- 4km 無常帑
- 5km グロースヴァルトSANO
- 15km 西山本門寺
- 20km 土井ファーム
- 24km う宮～な
- 27km 渋沢用水
- 28km 富士高砂酒造
- 29km 文具の蔵 Rehei
- 35km 神戸醤油店
- ゴール 40km 東名高速富士川サービスエリア

きゃしゃな線の橋梁が
二重になって美しい眺め…!

富士山と共に快走

夏空に富士山が涼しげにスカートを広げている8月初旬、東名高速「富士川サービスエリア」のETCゲートを出て、乗せてきた自転車を組んで富士川沿いに北上する。富士山の豊富な湧き水の恵みで、富士地域は工業が盛ん。周辺の川はさわやかな空気に包まれ、せせらぎも心地よい。そして何よりおいしそうな食材に巡り合えたら…。

期待を込めながら緩やかな上り坂を進むと頭上に新東名の橋が架かっている。橋をくぐり、左手に折れると火の見やぐらを発見。近づいてみると「無上帑（むじょうどう）」という名の喫茶店だった。入ると正面に大きな窓がある。水田の向こうに富士山がそびえ、まるで風景画が掛かっているよう。靴をぬいで上がり、コーヒーとホットドッグを注文する。白いパンから思いっきりはみ出したハーブ風味のソーセージ。

グロースヴァルト
SANOさん
オリジナルの
ソーセージ

あっという間にたいらげてしまった。
そう言えば、この近辺においしそう
なソーセージ屋さんがあったっけ。

ほの暗い店内に大きな窓
緑豊かな風景が見渡せる

どこから眺めても天下一品！

ブタさんのかわいい
エて看板が目印
グロースヴァルトSANO

国際チャンピオン！

芝川と身延線

「無上帑」から10分もかからずに、ソーセージ屋さん「グロースヴァルトSANO」に着いた。ワインレッドのオシャレな外観、先ほどのソーセージが頭をよぎり期待が高まる。内装は清潔感のある白がベース。そしてスキンヘッドの店主のりっぱな二の腕にくぎ付けになった。一見プロレスラーのような体格だが、目尻が恵比寿さまのようにやわらかく、そのギャップがキュート。店内には数々の表彰状が飾られている。尋ねてみると2016年、ドイツのハム・ソーセージコンテストで日本最多の金メダルを受賞されたのだそうだ。夏の暑さに負けじとスタミナを取ろうとショーケースを眺める。ハムや、ドイツ語で書かれたソーセージなどがずらっと並ぶ。豚レバーのパテを購入してお店を後にした。

水田の広がる道。富士川を越えた先で、JR身延線芝川駅付近のレトロな橋梁を電車が渡ってゆく。

さらに北へ進み川沿いを走って30分。1343年に開山された「西山本門寺」へ到着した。長い参道を自転車を押しながら歩くと、本堂が見えてきた。裏手には推定樹齢500年の大ヒイラギがあり、根元には京都本能寺の変で討ち死にした織田信長の首が埋められたという言い伝えが。恐る恐る足を運ぶと、大きく枝を広げた老木。葉には既にとげがない。年を取るにつれて木も穏やかになっていくということか。流れた年月の長さを感じた。

西山本門寺から坂を上って「土井ファーム」に到着。ジェラート付きのランチメニューはパン2つとスープとサラダ。小さなショーケースから出された色とりどりのジェラートは氷山のよう。夏の暑さを少し忘れさせてくれる。

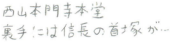

ジャンボなソウルフード

「土井ファーム」からしばらく走り、左脇にある広大なハスの花畑を通過すると下り坂に入る。切っていく風にオリエンタルで上品な香りがする。やがて、野菜の直売所「う宮〜な」へたどり着く。富士山を背にした広いお店だが、お客さんの数も負けていない。人だかりの中を、やじ馬根性で進めば、陳列台には袋詰めの大きな落花生が！

　見慣れた普通サイズの2倍くらいはあり、食べ応えありそう。地元の人は充分に成熟していないものを「しなす」と呼び、圧力鍋で柔らかくして食べる。それが一番おいしいのだそうだ。

「う宮～な」から交通量の多い道を慎重に下って20分。潤井川から枝分かれした渋沢用水沿いを走る。流れは家と家の間を縫い、まるでボブスレー競技のように速い。透き通るような湧き水を利用した養鱒場も多く、マスの稚魚などを狙ってカワセミも見られるとのこと。

水の迷路に入り込んだように進んでゆくと富士宮の中心街へたどり着く。風格のある店構えに大きな杉玉が目印の「富士高砂酒造」。下戸の私もつい、雰囲気に惹かれてのれんをくぐる。お店には、くみ上げた湧き水が樋から静かに流れ、試飲後の舌をリセットできる。酒造りにも富士山の恵み。その他にも、日本酒エキス入りの甘酒飴や、おちょこなども扱っているのが女子にはうれしい。

宮町商店街沿いは、全国の浅間神社の総本宮「富士山本宮浅間大社」がある。ご祭神は美しいと名高いコノハナノサクヤヒメノミコト。境内の湧玉池から流れ出る神田川では、水草が女性の髪のように優

雅に揺れ、神々しい。そばの看板には、今夜ここで「富士山御神火（ごじんか）まつり」という祭事が行われるとあった。せっかくのチャンス。後でまた訪れてみよう。

商店街の歩道は
5月に浅間大社で行われる
やぶさめ柄

浅間大社
近くの
バス停

商店街の「文具の蔵Rehei」には、店内に湧き水の川が流れているらしい。そう聞いて、探してみると浅間大社から5分ほどのところにあった。一見普通のお店だが、奥に進むと店舗を二分するように川が流れ、その間に小さな橋まで架けられていた。流れは思いのほか速い。その水音が心地よいBGMに。そばの棚にはノートや鉛筆など、ごく普通の文具が陳列されていて何ともシュールな空間だ。

「Rehei」を出て南に向かう。途中長く交通量の多い坂を慎重に越えれば住宅街の中、いかにも老舗らしい「神戸（かんべ）醤油店」の看板が見えた。湧き水の恵みがあるのだから、きっとお醤油だって天下一品だろう。こじんまりとしていて清潔な店内。さっそく味噌を発見して「これをキュウリに付けてかじってみたい」。そう口にしてしまったのが早いか、店のご主人が目の前の庭からキュウリを1本もいでくれた。

35km

ポキリと折って、試食用の味噌に付けてかじると、大豆のうま味が口いっぱいに。ポリポリと食感も楽しい。迷わず味噌を購入した。バッグの重みに幸せを感じつつ、芝川沿いに来た道を戻った。そして富士川サービスエリアから今度は車で再び富士宮の街中へ。

みそと
あうで
店主さんのやさしさも
相まって甘みある味。
その後、みそが大好物
になりました。

かんべの味噌

水と炎が共演する一夜

辺りが薄暗くなる午後8時頃、浅間大社の境内は浴衣姿のカップルや親子連れがひしめき合い、熱気が漂う。富士山御神火まつりは毎年8月の第1週に催される。市民のアイデアから生まれたニューフェイス。山頂の「富士山本宮浅間大社奥宮」で採火した御神火をともした神輿で商店街を練り歩き、富士山の湧き水、神田川を遡って境内を目指す「神田川昇り」で一気に最高潮となる。

一基約800kgもある神輿を、60~100人が担ぐ。マスもすむ川、水温は低いはずだが、熱気で周囲に水蒸気のもやが生まれ、炎で紅色に染まる。そして、闇にそびえる富士山には登山客のライトが瞬き幻想的だ。

サイクリングから御神火まで丸一日、富士地域を満喫した。コース走行距離は40km。急流の富士川沿いから豊かな田園地帯を潤す芝川を望み、富士山の湧き水から生まれた神田川で御神火見物まで、水の恵みをいっぱいに受けたサイクリングだった。

富士山納涼コース

ルートラボ

https://yahoo.jp/2lbYHf

私の父

父が島根県から帰ってきた
島根県 浜田市
びわ湖
静岡県牧之原市
しかも自転車で900キロの道のりを一週間で
やぶれたため
ガムテープを貼った
ウインドブレーカー
ひえ
せっかくの機会オットを紹介した
ペコリ
いやあ
父です
はじめまして
少しキンチョーしたが
その後
ここではパンク
この峠はキツイ…
ドン
これだから自転車ヤローは!!
ズズ…
自転車乗りの扱いなれてる人
MAP

十勝ゆるゆるコース 番外編

北海道のド真ん中を走る「十勝ゆるゆる自転車旅」がある。
地元、豊頃町商工会の観光振興事業で、
2014 年の初回から参加している私。
今回は大雪山連峰を背に、
雄大な牧草地帯を縦断するルートと聞けば、行くしかない!
2泊3日の旅に出かけた。

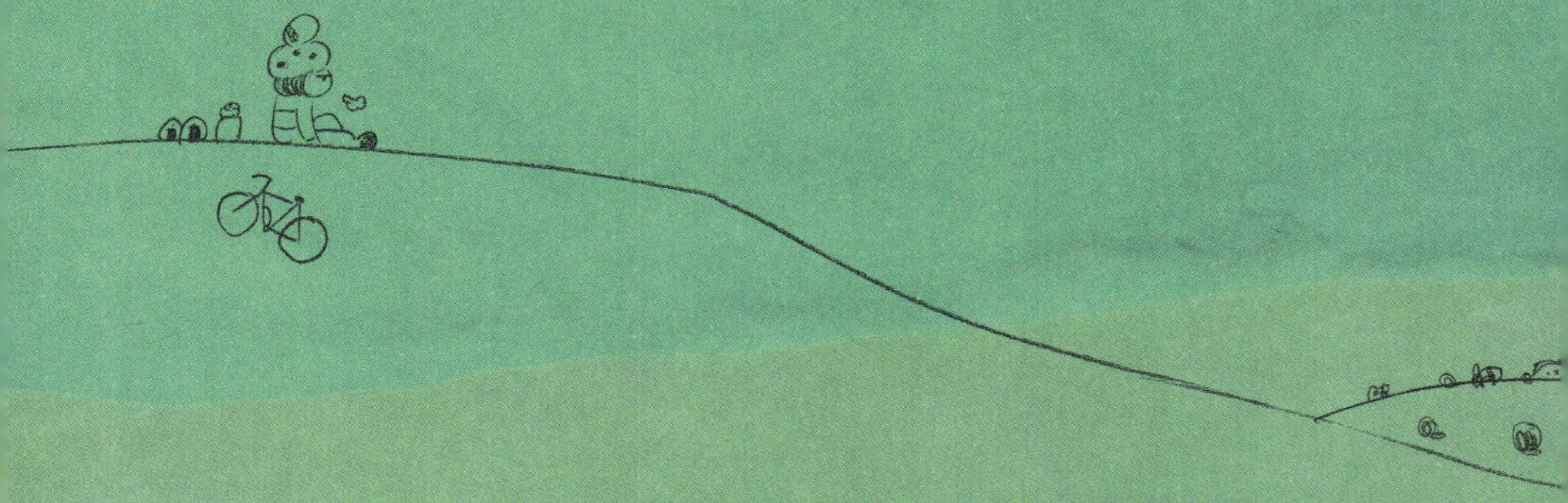

景色編

本州ではムシ暑い日が続く7月.
梅雨のない北海道へ行って
快適にサイクリングしたい。
ワクワクをいっぱいトランクに詰め込んで
十勝へGO!

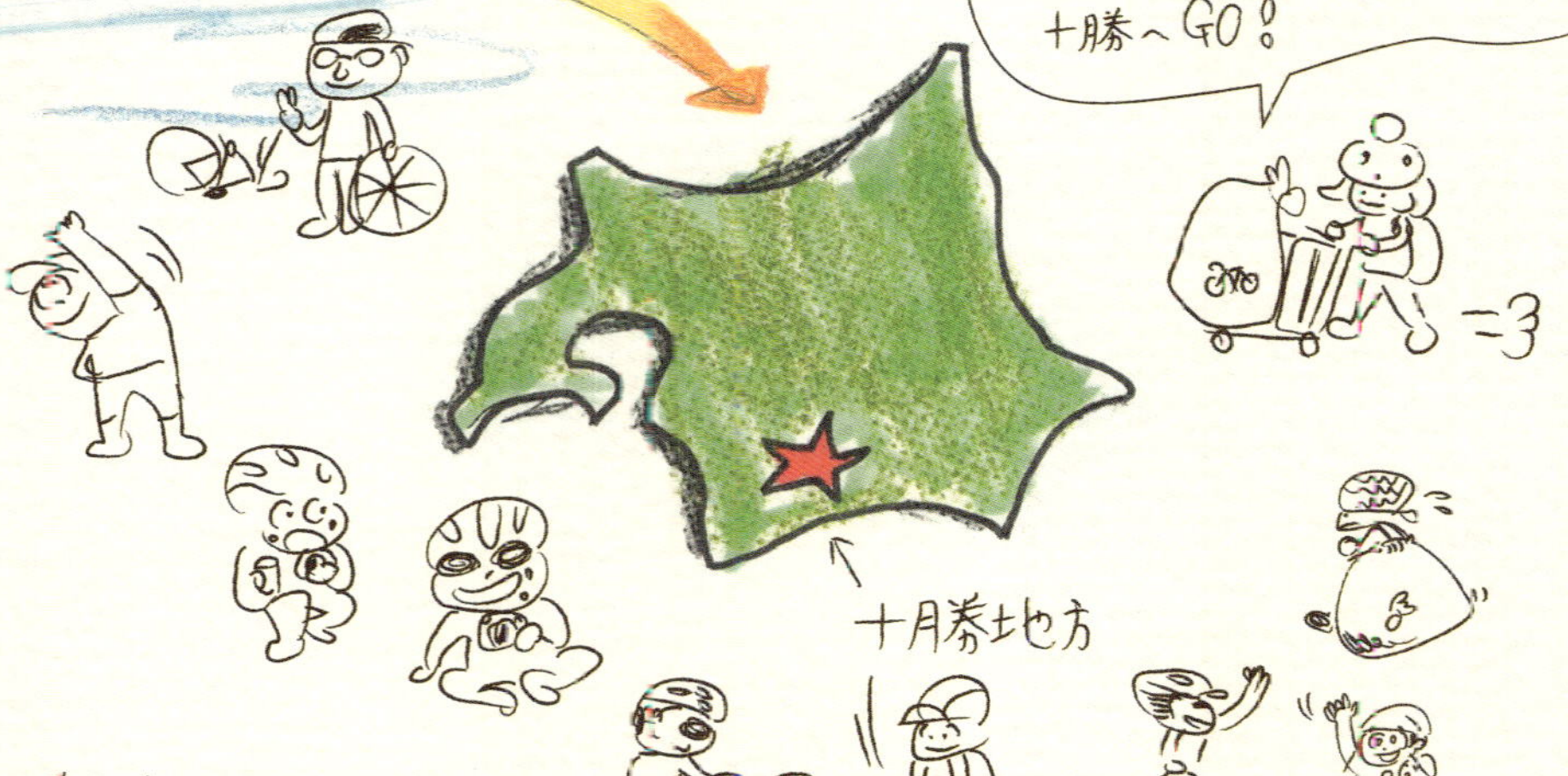

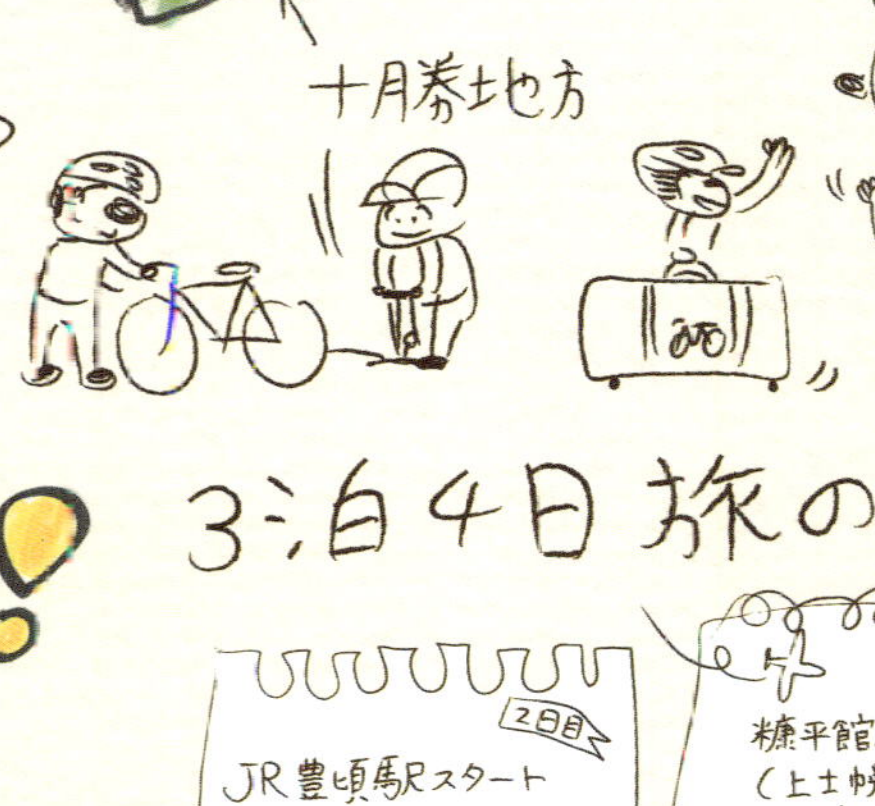

背の丈はまちまちだけど
見慣れたサイズよりBIG!

3泊4日旅のしおり

1日目

糠平館観光ホテル
(上士幌町)スタート
↓
三国峠
↓
ピア21しほろ
↓
池田ワイン城
↓
豊頃町泊 HOTEL

2日目

JR豊頃駅スタート
↓
はるにれの木
↓
茂岩橋
↓
インデアン芽室店
↓
帯広泊 HOTEL

国道273号線をひたすら北上すると
道沿いに群生している
ダケカンバの木々から光がさして
清々しい

三国峠からの眺め

三国峠の頂上に到着すると、
遠くの山はまだ雪を冠っていた
日が暮れれば、この辺りも
冷え込むだろう。

しげみの中から
眺められる

タウシュベツ川橋梁

旧国鉄士幌線跡の
時代を思わせる
糠平湖の水位によって
見えかくれするので
「幻の橋」ともいう

北海道バルーンフェスタにちなんだ
上士幌町のかわいいマンホール

ワイナリー池田ワイン城

十勝といえばワインの産地！
熟成室は、レーズンと
酒だる独特の
しっとりとした香りがする

たるの中に入って
記念撮影！

私たち
2つの木が
合体してます！

はるにれの木

十勝川沿いにある豊頃町のシンボ
扇形の美しいシルエットが
緑の入道雲のよう。

遠くのジャガイモ畑に
タンチョウのつがいを発見！
大自然の中でたくましく生きる
姿に感動！

十勝川に架かる
スカイブルーの茂岩橋

たべもの編

十勝人にはおなじみのカレー店
「インデアン芽室店」
タージ・マハールのような外観！

インデアンカレー・チキンチーズ
ホットオイルをかけてみると
のどこして感じる辛み。
意外と口の周りは辛くなく
やみつきになりそう。

独特の青い香り＆
しょうゆの香りの
ハーモニー♪

パクチー丼

大盛りのパクチーをそっとレンゲで
混ぜると、豚肉のそぼろが現れ
思わずにっこり。

ぎっしり!!

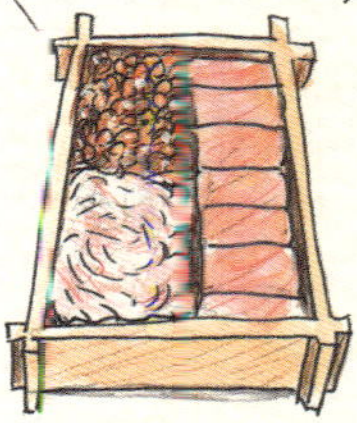

夕食はみんなでジンギスカン！

yummy！

**三国峠頂上
カフェの
ソフトクリーム**

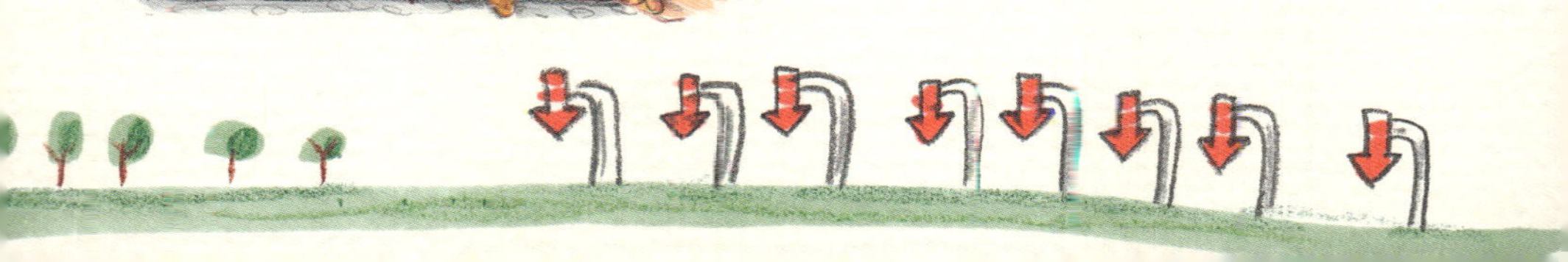

MAP

ルピナス
三国峠
オッパイ山こと
西クマネシリ岳
大雪山連峰
ラワンブキ
糠平館
観光ホテル
タウシュベツ川
橋梁
おにぎり
糠平湖
トンネル
多し
上士幌の
熱気球
マンホール
道の駅
「ピア21
しほろ」
スズラン印
日本甜菜製糖
工場
パクチー丼
273
池田ワイン城
インデアン
豊頃駅
茂岩橋
はるにれの木
JR
根室本線
十勝ロイヤル
ホテル
タンチョウ
十勝川
1日目
2日目

豊頃よいとこ

はるばる来た十勝豊頃町!!
おいしい空気たっぷり吸って
大地の恵みでお腹いっぱいにしたら
ソフトクリームおいし〜
こんなにステキな絵が描けました!!
じゃーーん!!

中遠たてものコース

掛川駅から天竜浜名湖鉄道で輪行し、
天竜二俣駅で下車したら建物を巡ってみよう。
自然の景色の中に溶け込む美術館や工場。
46㎞のコース、風を受けながら眺めれば、
車や歩きとは一味違う感動が待っているはず。

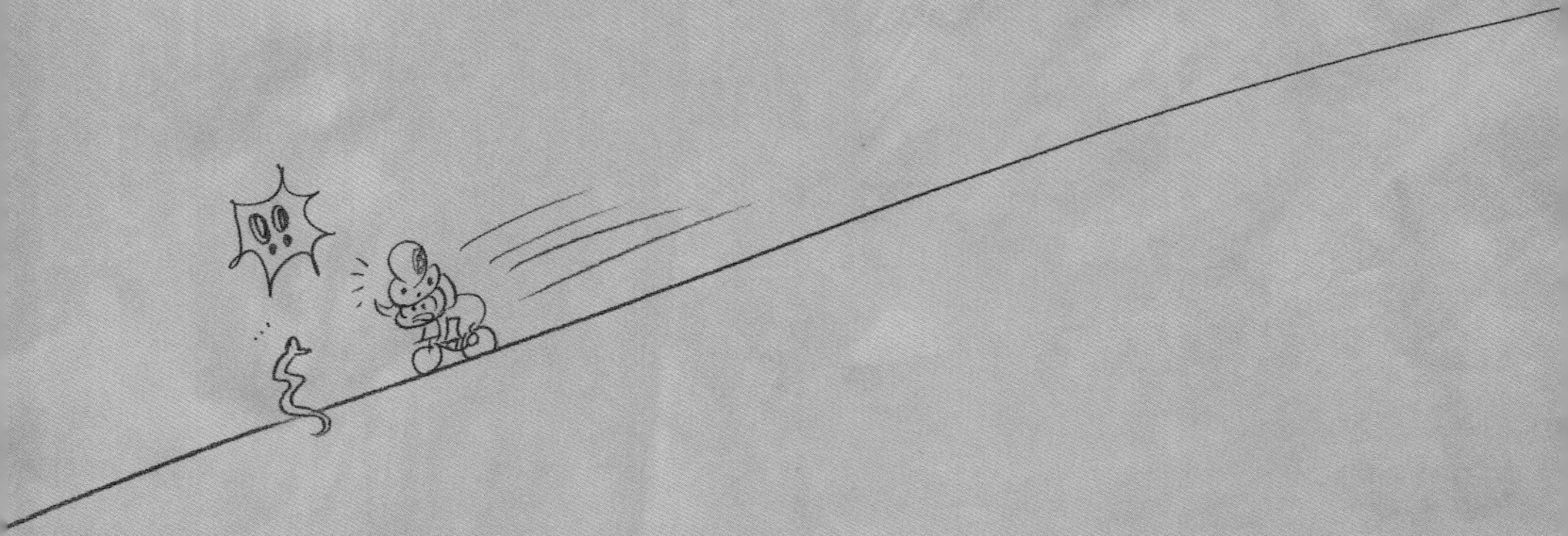

スタート 天竜浜名湖鉄道掛川駅（列車で移動）

- 0km 天竜二俣駅
- 1km 浜松市秋野不矩美術館
- 7km 磐田市立豊岡中学校体育館
- 9km ロック・フィールド静岡ファクトリー
- 11km 白壁館
- 20km いちりきのコロッケ
- 26km かけがわ西の市
- 33km ねむの木村
- 40km きみくらカフェ
- 46km 天竜浜名湖鉄道掛川駅

ゴール

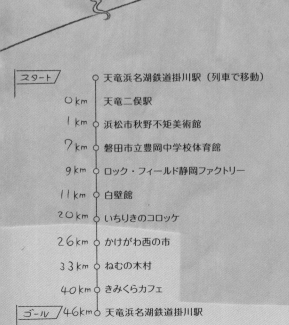

THP
前輪と本体を外し
袋に入れる
スタンドつき
スペースの広い車両後部に置きます

天浜線で憧れの輪行

中遠の田園地帯の中に、魅力的な建物がたくさんある。自然と溶け込んだ眺めのいい場所を探したり、近づいて観察したりするには自転車がもってこいだ。その場所の勾配や雰囲気を直に感じ取ることもできる。天竜浜名湖鉄道が、輪行袋を貸し出すサービスを始めたと聞き、鉄道旅に憧れる私は、さっそく利用したくなった。掛川駅〜天竜二俣駅まで移動し、浜松市天竜区から、磐田市、森町、掛川市にかけて建物巡りに出かけた。

午前9時13分発の列車に乗るため、30分早めに掛川駅に到着。駅員さんにお願いすると奥から輪行袋を持ってきてくれた。自転車の前輪を外すだけでよく、カバー状の構造で着脱が簡単だ。準備を終えて車両後部に乗り込む。

列車に揺られて10分ほどすると、車窓一面に田園地帯が広がる。

線路沿いに続くまっすぐな道。まるで飛行場の滑走路のよう。この道は「田園滑走路」と呼ばれてロコサイクリストに親しまれている。掛川駅から約50分、天竜二俣駅に到着し、輪行袋を改札で駅員さんに返すと、「浜松市秋野不矩美術館」の割引券をくれた。せっかくだから行ってみよう。

天竜二俣駅から約10分、坂の上に秋野不矩美術館はあった。秋野不矩は明治41年、当時の磐田郡二俣町で生まれた日本画家。インドの大学に客員教授として渡ったのをきっかけに、インドの寺院や人の姿をモチーフに描くようになった。美術館は日本を代表する建築家、藤森照信さんの設計。まるで山の上のお城のようで、天竜の杉や檜をふんだんに使い、素材のぬくもりが伝わってくる。通路の漆喰の白壁が日の光に照らされて美しい。そこを抜ければ、壁一面にインドの寺院、サリーをまとった女性などが描かれた大作が並ぶ。一瞬、「ここはインドか?」と迷った自分がいた。

作品からあふれだす
インドの雰囲気

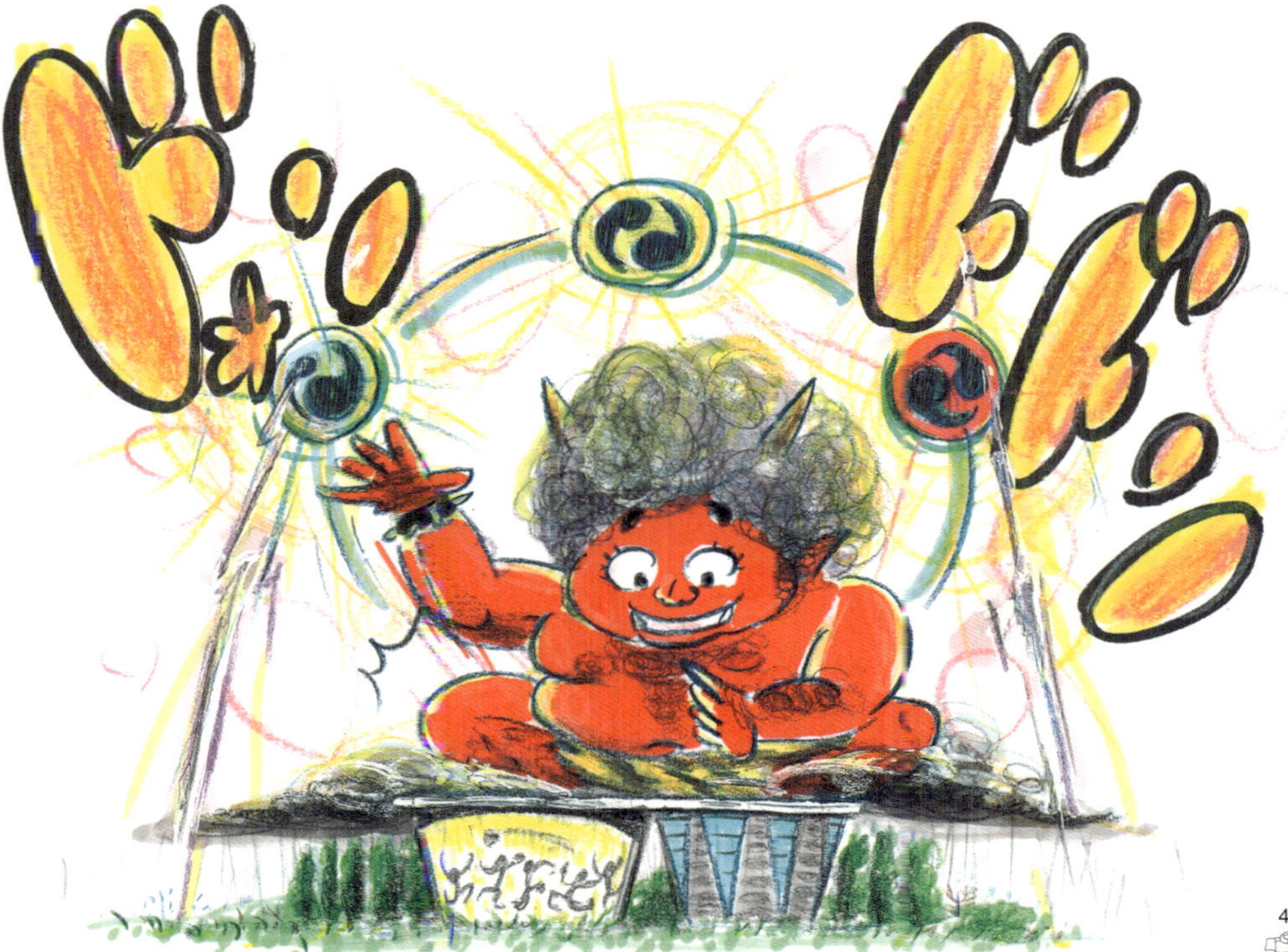

世界に誇る体育館

秋野不矩美術館から20分、彼方に太鼓のような不思議な建物が見えたので近づいてみる。先ほどの美術館の余韻のせいか、鉄骨造りの外観がインドの打楽器「タブラ」にそっくりに見えた。雨が降れば天井から楽しいリズムが聞こえ、それに合わせて子どもたちの元気な足音が…と想像が膨らむ。

なんと世界的な建築家、安藤忠雄さんが設計した磐田市立豊岡中の体育館だった。どんな縁だろう。聞けば、旧豊岡村が磐田市と合併を進める中で当時の村長、鶴田春男さんが「未来の子どもたちのために誇りになるものを残したい」と、近くで手掛けていた総菜工場「ロック・フィールド静岡ファクトリー」を訪れていた安藤さんに依頼したそうだ。せっかくなら静岡ファクトリーも見てみたい！

水の流れが
美しいビオトープ

豊岡中体育館から約15分。田園に囲まれて快走していると、丘の上に風力発電のプロペラがある工場が見えてきた。ロック・フィールド静岡ファクトリーだ。警備員さんに了解をもらい、外観だけ見学させてもらう。

　ガラス張りの回廊が美しい。これが工場？　こんな開放的な空間で働けたら気持ちいいだろうなぁ。その周りを囲むように風力発電のプロペラが回り、まるで工場自体が今にも大海原へ向かう大型船のようだ。そして鮮やかな黄色の巨大なポテトのオブジェが、広場に鎮座する。そばには澄んだ水をたたえたビオトープがある。小川の音と水草のゆらぎをいつまでも眺めていたくなる。

　大都市でも安藤さんの建築物には出会えるだろうけれど、ビルの隙間から眺めるのとではひと味違う。まるで砂漠の真ん中でピラミッドを見上げるかのようなダイナミックな感動がある。

あいきょうたっぷりの
丸いパンと
ビーフシチュー

途中で見かけた火の見やぐら
甲羅のような屋根の意匠
先端の針が印象的

ロック・フィールド静岡ファクトリーから約20分ほど走る。そろそろ時刻はお昼時、敷地駅近くの「白壁館」でランチタイムにした。竹製のサイクルラックに自転車を置いた後は、いろりを囲んだ席が温かく迎えてくれる。食券で「ビーフシチューと熟成パンセット」を買う。しばらくすると夏ミカンほどの丸い大きなパンと大皿のビーフシチュー、サラダのセットが登場した。職人が丹精込めた丸パンは、見た目とは裏腹に手でちぎった時のコシの強さが食欲をそそる。そして絹のようになめらかな掛川牛のビーフシチュー。相性は抜群だった。

白壁館を後にして、再び天浜線の線路に沿って走る。右手を田畑、左手を茶畑に挟まれたまっすぐな道、ちぎれ雲が西風に乗って流れてゆく。私もそれを追いかけるようにひたすら走る。一宮駅から約20分、いざ太田川を渡ろうという時、コロッケの看板を発見。先ほどのポテトオブジェを思い出し、ついつい立ち寄ってしまう。

片耳にエンピツさして
柿の収穫にはげむマダム

猪八戒
行きますよっ
仲間にも
買って
行こうかな

森町の「いちりきのコロッケ」は1個から揚げてくれる。一口目はソースをかけずにパクリ。サクサク衣の甘さとじゃがいもの風味がマッチし、懐かしい味わい。ソースをつけて二口目、ふわっとした食感をソースのうま味がギュッと引き締め、おかず感がぐっとアップした。

太田川を渡り、新東名高速をくぐり30分走る。今日は建物巡りの自転車旅。「ねむの木こども美術館」にも足を延ばして、どんぐりのような建物にも会いに行こう。その前に「かけがわ西の市」でひと休み。地元の新鮮な野菜や、その場で調理したおいしい総菜がずらり。豚足がイチオシらしく幅を利かせていた。よく見てみるとラベルには「おもろ」と表示されている。店主さんに尋ねると、「おもろ」とは静岡県西部中心に伝わる豚足の呼び名らしい。これを目当てに足を運ぶお客さんも多いとか。オモロいのでお土産に買っておこう。

愛らしいどんぐり頭

「かけがわ西の市」から約20分、アップダウンを繰り返しながら進むと、前方の壁にパステルカラーのタイルが施された「ねむの木村」の看板を発見。その先に、北欧の街並みを連想させるようなかわいい造りのお店が立ち並ぶ。奥へ進み広い芝生の広場に出ると、どんぐり頭のような美術館が出迎えてくれる。こちらも先ほどの秋野不矩美術館と同じ藤森照信さんの設計。話しかけてくれそうな優しい外観。周辺の木々はニット帽をかぶったような形にカットされ、静かな山間、のんびりとした空気が流れている。

思わずかけ出したくなる

途中で見つけたピンクのレトロな乗り物たち

かわいらしい美術館にサヨナラし、ちょっぴり寂しくなったせいか、寄り道しながら帰りたい気分。大池公園にある「きみくらカフェ」でお茶していこう。進むこと約30分、到着したカフェは、白とキャラメル色の外観が印象的。向かいにある総合体育館の利用者が立ち寄るらしく、スポーツウエア姿の客が目立つ。お一人様サイクリスト客の私としては心強い。カウンターで「ほうじ茶ラテ」と「タルティーヌチキン」を注文する。フランスパンの上の彩り豊かな野菜と、ゴロッとしたチキンたっぷりのタルティーヌチキンは、見た目を裏切らないおいしさ。ほうじ茶ラテは初体験。「なるほど。ミルクを入れるとほうじ茶の香ばしさが引き立つんだ」と納得。元気も充電。さあ、終点の掛川駅を目指そうか。

天竜浜名湖鉄道の掛川駅から天竜二俣駅まで車窓の風景を楽しみ、秋野不矩美術館で城塞のような外観に刺激を受ける。天竜川を越え

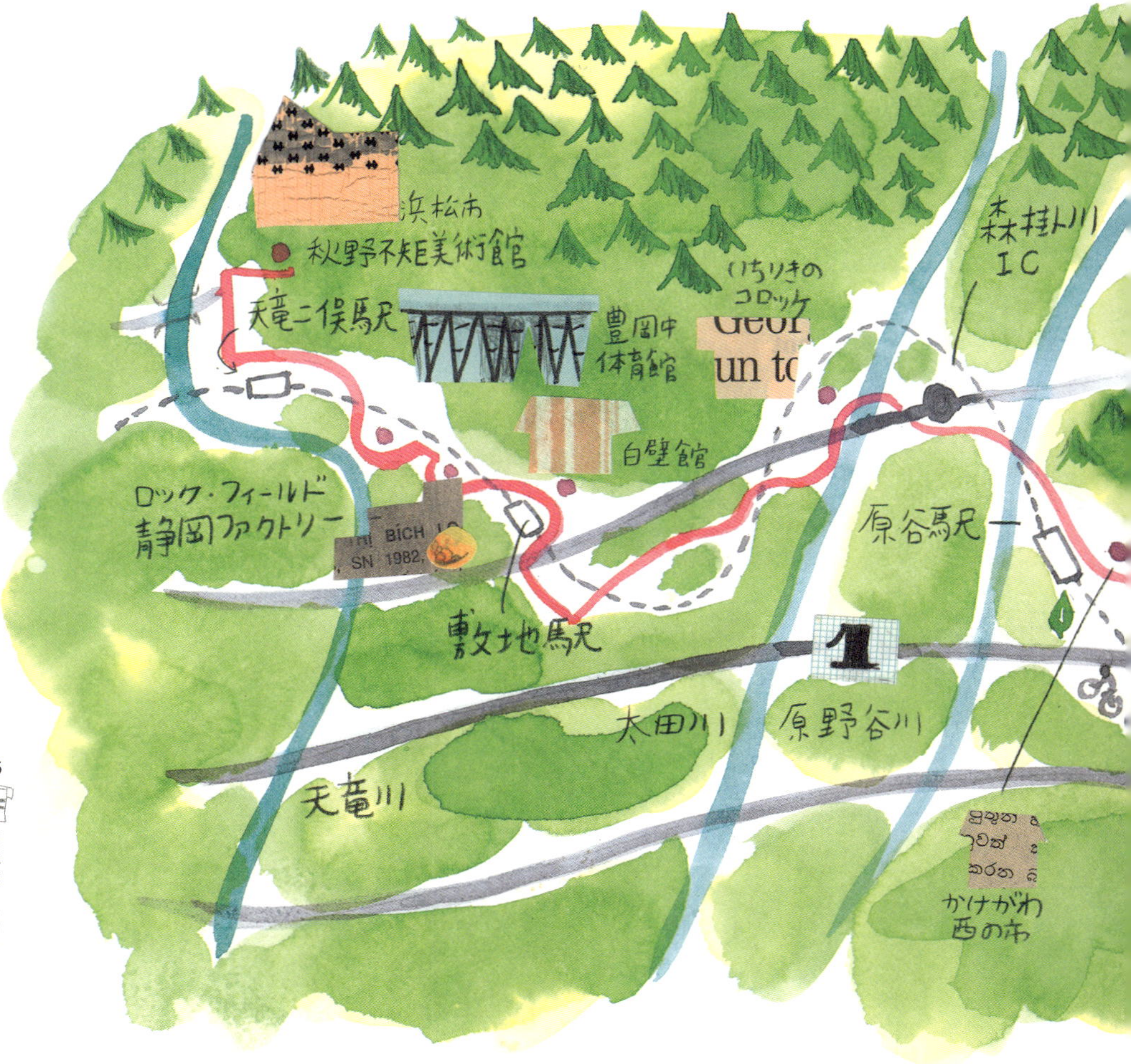

て豊岡中体育館とロック・フィールド静岡ファクトリーを結んだ縁にドラマを感じ、白壁館ではビーフシチューとパンの相性にほっこり。坂を越えた先のねむの木こども美術館は訪れた人を幸せにする世界観にハッとさせられた。最後のきみくらカフェでは、ほうじ茶ラテとタルティーヌチキンのタッグに完敗した。走行距離は46㎞。こんな楽しみ方もたまにはいいんじゃない？

中遠たてものコース

ルートラボ
https://yahoo.jp/EtIsSz

風とコーヒー

秋てんこもり！新城コース

お隣の愛知県新城市は、
岩肌が見える山間に流れる川の風景が見どころ。
秋の川沿いを散策しつつ、
おいしいご当地フードに巡り会いたいな。
78㎞とちょっと長めだけど、さあ出掛けよう!

スタート 0km もっくる新城
3km 黄柳橋
8km 大野頭首工
24km 愛知県民の森
46km そば処 やまびこ
49km 双瀬トンネル
53km 四谷千枚田
65km 鳳来寺山
ゴール 78km もっくる新城

川の音聞きながら

海辺に暮らす私は、山に囲まれ川の音がする土地にとても憧れる。JR豊橋駅発の飯田線が北上していくにつれ、信州の玄関口の雰囲気が漂う。おいしい名物があると聞いて愛知県新城市に自転車を車に乗せて出かけた。

朝7時頃に新東名高速・新城ICで下りる。真正面に道の駅「もっくる新城」が見えてくる。

駐車して自転車を組み立てていると施設内のレストランの前に行列ができている。

さすが名古屋圏のモーニング!! ワンコインで卵かけご飯を食べ放題らしい。

出発前の腹ごしらえも良いかな。8時の開店まで待ち、いざ中へ入って支払いを済ませる。カウンターには炊飯器とコーヒーサーバー、中央テーブルには生卵のほかに、ちりめんや梅干し、キュウリの漬け物、ゴボウの素揚げなど野菜中心のおかずがいっぱい。おかわりも自由だし、どう組み合わせしようか迷ってしまう。

もっくる新城から別所街道沿いに東へ走る。この界隈は玄関前に使用済みの手筒花火を飾る風習があるようだ。厄除けとしてらしいが、遠州にも同じ風習があるから興味深い。30分ほど走ると2つの橋が見えてきた。「黄柳橋（つげばし）」という名前。自転車を停め、川岸に通じる急な階段を滑らないように30ｍほど下りる。巨大な岩山のすき間から、水がゴーゴーと流れ、その景色の力強さに圧倒される。

見上げると、2つのコンクリートのアーチが虹のように架かっている。奥の旧黄柳橋は大正7年に架けられ、当時の鉄筋コンクリート造りアーチ橋では全国一の規模だった。アーチ部分を細長い柱が支えていて、やぐらのようにも見える。昭和に入ると技術が進んで手前に新しい橋が架かり、旧黄柳橋は歩道橋として活躍してきた。平成10年に国の登録文化財に。新旧の橋が並ぶ姿は壮観だった。

ダム
カード

歩道橋の旧黄柳橋を渡り、杉林に囲まれた道を走る。左手には宇連川（うれがわ）が流れ、そこに顔を出す岩山の大きさにも驚くが、その形一つ一つに表情があり思わず見とれてしまう。夏場は上流でカヌーを楽しむ姿もあるとか。

おっと危ない。ここは路肩が狭く、車もスピードを出して追い越してゆくので、よそ見はほどほどにしておこう。しばらく進んで20分。前方に建物が見えてきた。重力式コンクリートダム「大野頭首工」だ。この見事な景観を損なわないようにだろうか、ダム湖の周りに目立った建物はない。山の紅葉が水辺に映り、自然湖のような雰囲気だ。

大野頭首工から40分、宇連川に沿って進み、途中左に折れると景色はまた杉林に変わった。木漏れ日が神秘的で美しい。家の庭に薪が積まれて薪ストーブらしい煙突が目立つ。新城は林業が盛んな町。薪も手に入りやすいのだろう。切り立ったような岩壁を背に川が流れ、その間を線路が続いていた。これは豊橋市から長野県辰野町間を走るＪＲ飯田線。車窓から眺める景色もきっと楽しめるはず。

五平餅は地元の商店が
春、秋まつり（4、5、11月）の土日祝日に販売しています。

おいしさ際立つ「軍配型」

のんびり40分ほど走ると、「愛知県民の森」に到着する。宇連山周辺をハイキングできる公園には、紅葉を求めて観光客がいっぱい。風に乗って香ばしいにおいが漂ってくる。その方向を探すと、出店の女性が焼き台の串を裏返している。

あれはご当地フードの「五平餅」じゃないか！ しかも、どこか変わった形。のぼりに「軍配五平餅」の文字。一般的な五平餅は、缶飲料ほどの大きさの俵型…。しかしそこは戦国時代の合戦場も多い奥三河地方、五平餅が軍配の形をしている。おまけに中央部分がくびれていて食べやすそう。表面にはたっぷり甘味噌だれが絡まっている。

さっそく注文。ほお張ると、荒くつぶしたご飯におこげの歯応えが重なり、口いっぱいに幸せが広がった。奥三河では、お正月やお盆など人が集まる時に、手作りするほど親しまれている。まるで地元の人

になった気分に浸り、新城市がより身近になった。気が付けば口の周りにたれがいっぱいだ！

お腹いっぱいで再スタートし、林に囲まれた少し狭い道を進む。この道は木材運搬用に敷かれ、昭和4〜43年の間に走っていた「旧田口線」の跡らしい。目の前に「双瀬隧道（ならせずいどう）」というトンネルが見えてきた。入ってみると、始めは手彫り感の残る素朴な壁面が、中央部分からしっかりした馬蹄形に変わる。全長は約60m。出てから振り返ると斬新な形にびっくり！

岩壁に沿って、まるでちくわを斜めに切ったような形の出口と、その周りの岩肌が不思議な形。よく見ると五角形か六角形の鉛筆を縦に並べたように割れている。これは「柱状節理」といい、溶岩が冷えて固まった時に柱状の亀裂が入った珍しい状態だそうだ。自然の芸術に「お見事！」と言いたくなるが、崩落防止のためか全面に金属製の網が貼られていた。スリルも満点…。

遠州との縁を感じて

双瀬隧道を抜けて長野県伊那市に通じる伊那街道を北に30分走る。脇道に入ると穀倉地帯が広がる。その先には千枚田があるらしい。棚田と聞けば、坂道を覚悟し上ること約10分、「四谷千枚田」に到着した。鞍掛山の山頂方向から田んぼが扇形に広がっている。稲刈りも終わりに近づき稲穂はわずかだが、最盛期に訪れたら、きっと一面黄金色に輝く世界だろう。

鳳来寺山は山全体が国の天然記念物に指定されている。参道から石段を上り、その先には鳳来寺がある。徳川家康の父、松平広忠が於大の方と子宝祈願に参拝したところ、その願いが叶って家康が誕生したと言い伝えられている。三代将軍の家光が建てた鳳来山東照宮もある。鳳来寺手前で自転車を押しながら参道を散策する。

風情あるたたずまいの町並みに、紅葉の挿し色が映えてハッとさせられる。天気に恵まれた今日は登山者やカメラ片手の観光客とすれ違い、活気が伝わってくる。何やら懐かしい香り。振り返るとミニ五平餅を炭火であぶっているお店を発見し、吸い寄せられるように買ってしまう。小ぶりな五平餅の形は煎餅のような平たい丸形。店主さんがお茶を勧めてくれたので甘える。新城茶もまたおいしいなぁ。ロコサイクリストに聞けば、新城は立ち寄る先でお茶やコーヒーなどをおもてなししてくれるため、マイボトルの水が減ることはないそうだ。

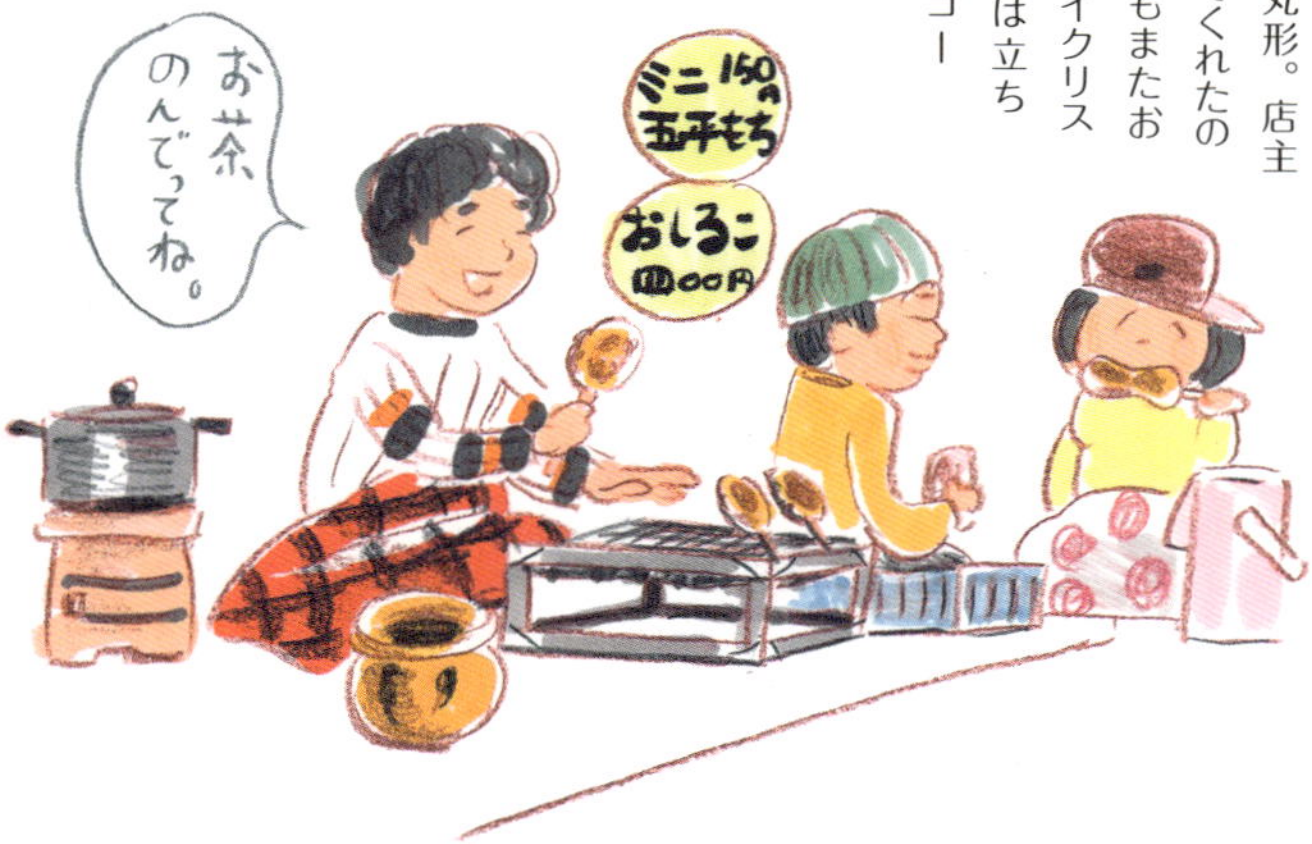

このテントで
夜鳴きラーメンやっています
（期間限定）

無事にもっくる新城に到着した。ここは奥三河の木材を使用した丸い屋根が特徴。日が落ちれば照明の明かりで、まるでテントの中にいるような自然のぬくもりを感じる。施設内には近くの湯治場、湯谷温泉からくみ上げた足湯があり、ユニークなイベントを行っているという。毎月26日は「フロ（26）の日」。その前日は「フロイブ」と名付けて足湯コーナーでイベントを行っている。今回で11回目の今夜は、近くの「新城市設楽原歴史資料館」の学芸員さんが甲冑姿で奥三河の歴史を説明してくれた。昔は川越えこそ至難だったけれど、ひと山隔てた遠州（静岡県）は近いものだったそうだ。そう言えば、清水次郎長一家で有名な「森の石松」の生家も、この地にある。奥三河人と遠州人の交流は盛んで、結婚も珍しいことではなかったらしい。自転車を通じてこの土地と巡り会えたことに縁を感じずにいられなかった。

男性トイレは各便器に戦国大名のプロフィールが書かれている

知っているとおもしろい

奥三河方言集！

ほだらー？	→ そうでしょう？
ほじくる	→ 掘る
いこまい	→ 行きましょう
お腹がぽんぽん	→ お腹が満腹
どえらい	→ とっても苦しい
水がだーだー	→ 水量が多い

「もっくる新城」にある案内板から抜粋しました。

朝8時半もっくる新城から出発し、黄柳橋を見学した。紅葉色めく愛知県民の森でご当地フードの軍配五平餅を味わい、海老川上流方面のそば処やまびこで新蕎麦まで味わっているのに、鳳来寺山参道でまたまた五平餅の魅力に取りつかれた。夕方5時頃スタート地点に戻り、湯谷温泉からくみ入れた足湯に浸かりながらフロイブで奥三河と遠州の関わりを知った。走行距離は78㎞。少し長めだけど、途中立ち寄りながらのゆったりしたサイクリングだった。

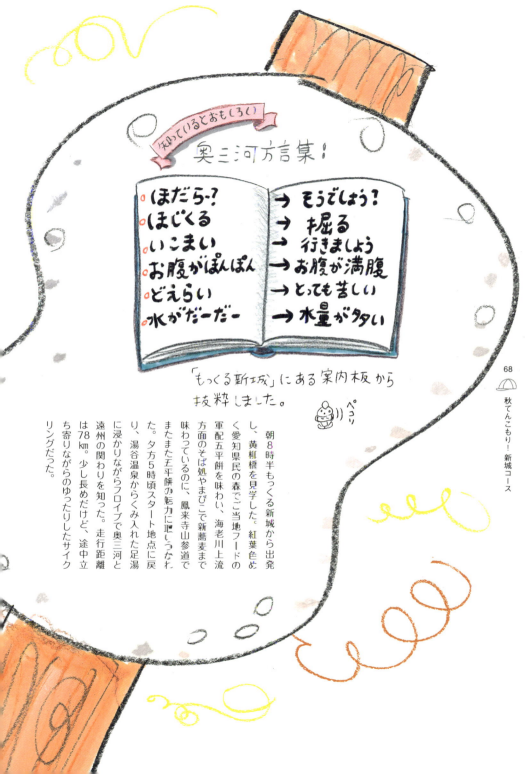

秋てんこもり！　新城コース

ルートラボ

https://yahoo.jp/Twh6S0

さらば自転車

←ソーコ
ついに しまっちゃうの?
ボクもうパパだし 大ケガできない…
自転車は しばらく お休みするよ…
弟との サイクリングの思い出
数ヶ月後
みてー! オートバイ かっちゃった!
単なる 心変わりかい!!

中伊豆大地の息吹コース

私が暮らす町から海越しに眺めることができる伊豆半島。

どんなところだろう。

天城山の豊かな恵み、

大昔の火山活動が織りなす個性豊かな地形を見て回りたい。

世界ジオパークの認定を受けた伊豆半島のちょうど真ん中辺り、

38㎞を走ってみた。

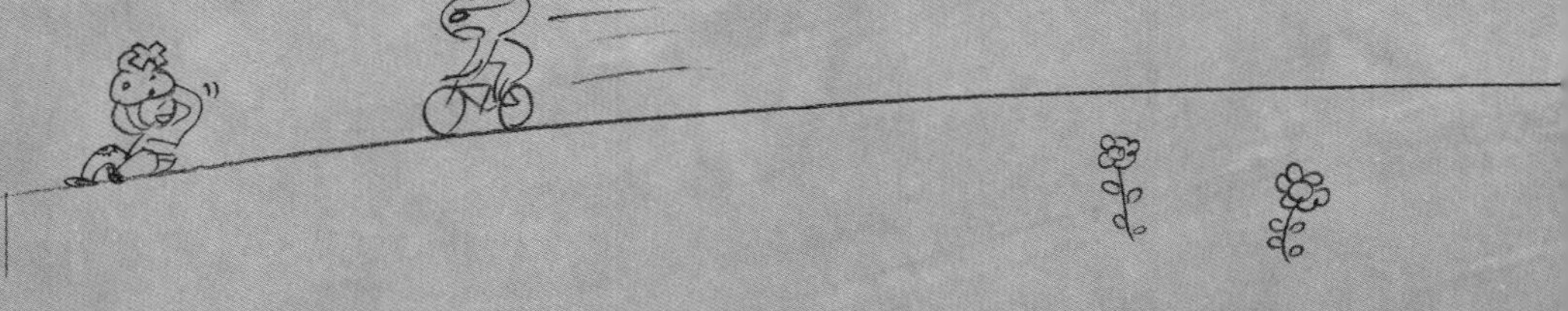

スタート　0km　伊豆大見の郷　季多楽

2km　最勝院

5km　梅木発電所の水路橋（眼鏡橋）

14km　伊豆半島ジオパークミュージアム・ジオリア＆修善寺 no 洋食屋

17km　独鈷の湯

22km　ベアードブルーイング

24km　旭滝

ゴール　38km　伊豆大見の郷　季多楽

秋空の下、川に沿って

私の暮らす町の海水浴場から、冬場などは特に伊豆半島がはっきり望める。子どもの頃、散歩がてら母親が指差して「ホラ。あれがアメリカだよ」と言った冗談を本気にしたけど、後ではるか昔、伊豆半島をのせたフィリピン海プレートが日本の本州の下に沈み込んだと知り、まんざら冗談でもなかったのかと驚き興味を持った。地質的にも面白そうな伊豆半島、自転車を車に積んで出かけた。

朝の9時頃、伊豆市柳瀬にある農産物直売所「伊豆大見の郷　季多楽（きたら）」に車を止めた。ここはロコサイクリストにも親しまれ、ちょっとした食事の調達や交流の場になっているそうだ。まずは店内を散策。さすがは水の恵みあふれる伊豆名産のワサビが店頭に並んでいる。振り返ると大きな大根を背負ったオジさんを見かけ、思わず一緒に記念撮影した。

マンガの聖地巡礼になったゴミステーション

30分ほど走っただろうか。室町時代創建の古刹、「最勝院」に到着する。境内の中央には池があり、太鼓橋が架かっていて風情がある。その両脇の紅葉が真っ赤に染まり、目を楽しませてくれる。本堂では立派な竜の彫刻が出迎えてくれた。見応え十分だ。

温泉の湯気に包まれる

大見川沿いから支流へと30分ほど進み梅木地区に入る。レンガ作りの水路橋が見えてくる。「梅木発電所の水路橋（眼鏡橋）」の看板によると、明治40年代に発電所が建てられた際、当時の最新技術を駆使して造られた建物だったそうだ、もちろん今も現役。土手を上り、橋の上部を眺めてみると、水路いっぱいに水が流れ、心落ち着く場所だった。

どこからかエンジン音が聞こえてくる。「何だろう?」と見下ろすと、橋の前にある温泉貯水槽のそばにトラックがいた。運転手がホースを伸ばし、ぐんぐん温泉をくみ取ってゆく。きっとどこかの旅館に運ばれていくのだろう。湯気が立ち込めて、見ている側もいい気持ちになる。トラックの中で温泉たまごを作りながら運べば、いっぱい作れて一石二鳥なのに…。なんてことを考えながら眼鏡橋を後にした。

「眼鏡橋」から1時間近く経っただろうか。再び大見川沿いをしばらくのんびり走ると狩野川の合流点に差しかかる。川沿いから城山という大きな岩山がそびえ、大仁の町を眺めることができる。下田街道を抜けると交通量も多くなり、少し緊張が走る。修善寺の「伊豆半島ジオパークミュージアム・ジオリア」に到着した。ここは約60万年前、フィリピン海プレートにのって日本に衝突した伊豆半島が海底火山時代、本州衝突時代、陸上火山時代の3つに分けて紹介され、大きな模型で伊豆のプロフィールが分かる施設。売店で黒い軽石のような「食べる溶岩ジオロック」というお菓子を見つけ、お土産にゲットした。

ジオリアを出ると何やらいいにおい。そういえば、もうすっかりお昼時だ。すぐ近くの「修善寺ｎｏ洋食屋」でランチタイム。和室を改装したモダンな店内は、先客でいっぱい。メニューの「伊豆鹿丼」に真っ先に目が留まり注文。きのこスープ付きのワンプレートメニューは、こんもりとしたご飯の上に甘辛いソースで煮込まれた鹿肉がのっていて食欲をそそる。その周りにはサラダが散りばめられていて彩り豊かだ。備え付けのアーモンドスライスを振りかけてスプーンですくってパクリ。アーモンドの香ばしさと鹿肉の食感がサクサクしている。

お腹も満たされたし、まず修善寺温泉発祥の「独鈷（とっこ）の湯」へ。公園側にあるサイクルラックに自転車を架けて散策しよう。言い伝えによると８０７年、弘法大師（空海）がこの地を訪れた際、桂川の冷たい水で病気の父親の身体を洗う少年に出会った。その姿に心を打たれた空海は仏具「独鈷杵」で川中の岩を打って霊泉を湧き出させたという。近くには足湯もあった。早速シューズを脱いで浸かると、つま先までじんわりと温まり、旅の疲れが溶けていくようだ。

近くの売店に「わさびソフトクリーム」の看板を発見。うーん…意外な組み合わせ。バニラアイスの脇に親指ほどの大きさのすりワサビ。意外にさっぱりした口当たり。ワサビのつんとした香りの後にバニ

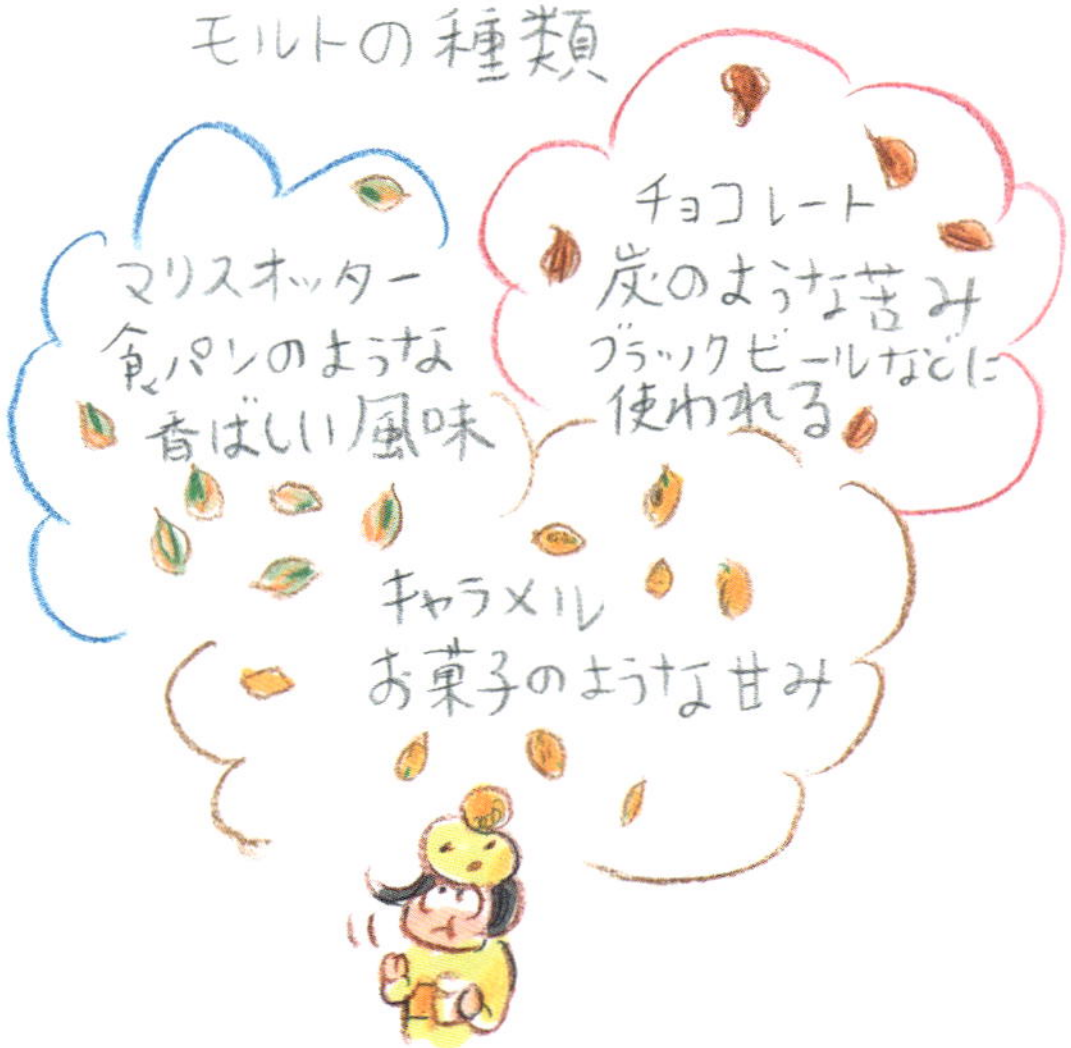

ラアイスの甘みが追いかけてくる。

修善寺を後にして15分。伊豆を訪れたら一度は行ってみたかった伊豆市大平のクラフトビール工場「ベアードブルーイング」へ。「ブルーイング」とは醸造所のことらしい。2000年にアメリカ人のオーナーが日本人の奥さんと沼津で創業し、修善寺に工場を新設した。定番ビールは12種類、年間造られる季節限定ビールは40種類もある。以前からそのラベルにされた版画の美しさや、それぞれのボトルに名付けられたユニークなネーミングといい、センスの良さが気になっていた。「お酒が苦手な私でも、これだったら飲める!」と感動したことから一度醸造所を見学したかったのだ(見学には事前予約が必要)。早速入り口へと急いだ。

醸造主が奥さんの名前をつけたセゾンさゆり
ライジングサンペールエール
フルーティでいてお酒が苦手でも飲みやすい
飲みたかったー
おみやげへ

まず建物の3階でタップルームから。カウンター奥に20本ほどずらりと並ぶタップが壮観だ。場内は吹き抜けになっていて、バーテーブルからガラス越しに階下の醸造所を眺めることができる。スタッフの誘導でエレベーターから醸造所に下りた。目を引いたのは山積み状態になったモルト。これらはビールの味わいや色味に欠かせない材料で、瓶に入った数種類のモルトを試食させてくれた。

かじるとほのかな甘み。敷地内の農園ではホップの栽培も始め「農園型ブルワリー」を定着させている。そしてビールの仕込みに欠かせない水は、敷地内の井戸水を使用している。恥ずかしながらビールの違いは産地や値段の違い程度という知識しかなかったが、ホップや水次第でビールも多種多彩なんだなと納得した。

発酵タンク

地層の神秘に立ちつくす

外に出て狩野川沿いにある広場を少し散策する。ビールを片手にのんびり至福の時を過ごせそう。西日に照らされ木々が橙色に染まり、木蔭には野鳥用らしい巣箱が取り付けられている。川の対岸の岩壁はきれいなしま模様だ。「梶山タービタイト」という。気の遠くなるような昔に、火山灰が海底に降り積もり、何度も噴火や地震を繰り返してできた。フィリピン海プレートが本州に押し付けられた時、地上に姿を現したものらしい。長い歳月をかけた地球の造形にハッとさせられる。そういえばこの近くに珍しい滝があるようだ。

滝があればそこには坂がある。蛇行した道の先から水の打ち付ける音が聞こえてくる。ベアードブルーイングからは約10分、「旭滝」に到着した。弾んだ息を整えながら滝の正面に近づく。６段になっていて高さは約１０５ｍ。目を凝らすと崖はウロコ模様になっている。

看板には「溶岩が冷えて固まってできる柱状節理の断面」とある。上から水が白いしぶきを飛ばしながら勢いよく打ち付け、まるで白い毛並みの竜が空へ昇っているかのような迫力。思わず立ち尽くしてしまった。

旭滝からスタート地点の季多楽へ戻る。気が付けば夕方の5時になっていた。朝の9時にここをスタート。大見川の景色を楽しみながら梅木発電所の眼鏡橋と温泉を運ぶトラックを発見する。修善寺に到着後、ジオリアで伊豆半島の成り立ちに触れた。狩野川沿いのベアードブルーイングでビールのできるまでを知り、旭滝ではまるで生きているような自然の造形物に息をのんだ。走行距離は38㎞。取材後の2018年4月、伊豆半島が世界ジオパークに認定された。伊豆の大地の奥底からパワーをもらったばかりだけに、うれしさもひとしおだった。

中伊豆大地の息吹コース

ルートラボ

https://yahoo.jp/pkRWMI

雨対策

雨の中、ついにカッパが限界
あっ しみてきた!!
こうなったら奥の手、カッパを前後反対にはく
雨
大丈夫そうな部分
ぬれる部分
しかたない これでしのごう…!
ぐいっ
ああっ!!
これはハズかしい…
びっしょり
後輪からの泥水

牧之原 de バター作りコース 番外編

生クリームを入れたペットボトルを自転車に取り付けて

バターを手作りしてみよう。

その日の気温やコースによって出来具合はまちまちだけれど

走った分だけおいしく感じること間違いなし。

手づくりバターで、お菓子作りも楽しんじゃおう。

それでは私の町で実験開始～！

牧之原deバター作り!
富士山
静岡空港
東名高速
坂口谷川
73
150
「ハイアーグランドキャンピング」でコーヒーをテイクアウト。ボトルを持参してもOK!
ベーカリー＆カフェアッフェルでフランスパンをゲットした。さっそく背負ってGO!
ホットドッグもおいしいよ!
スタート＆ゴール
塩の道起点碑
駿河湾と富士山を眺められる私のお気に入りの道

アップダウンのある坂を
越えた先は
ヒコーキが真近に見える
だいだらぼっち広場

バターの作りかた

用意するもの

生クリーム
(ホイップクリームではなく
動物性のもの)

空の
ペットボトル

自転車

ボトルは、シートチューブ側に
差し込むとより振動が加わり
バターになりやすい。

ペットボトル
に注ぐ。
100mlくらいが
カンタンにできます。

そして走る!

生クリームが少しもったり
してきたら
かたまり状になるまで
手でふる。

ナイフなどで
容器を切って出す。

できあがり!

牧之原 de バター作りコース

ルートラボ
https://yahoo.jp/kp-Ome

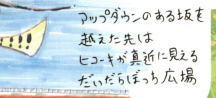

1. キャラメル

① 牛乳、砂糖をなべに入れて中火にかける。

② 砂糖が溶けたらバターを入れる。

③ なべの底を大きくかき回すようにしてやわらかなクリームのひだをつくっていく。

④ キャラメル色になってきたら、なべをもち上げて火から遠ざけるようにして混ぜる。

⑤ 全体が色づいたら生地をクッキングシートの上にあける。

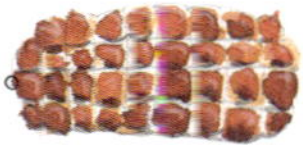

⑥ あら熱が取れたら、包丁で軽く「さいの目」に切れ目を入れる。

⑦ 1時間ほどして、切れ目にそって割り、小さく切ったクッキングシートで包む。

バターで作ってみよう!

材料

牛乳	150cc
砂糖	50g
バター	20g
塩	(好みで)

できあがり!

2. キャトルキャール♪

① ボウルに卵をときほぐし、砂糖、バター、ラム酒を順に加え混ぜる。

② 小麦粉、ベーキングパウダーは合わせてふるっておき、①にふるい入れて「ボタッ」となるまで混ぜ合わせる。

④ 160℃で 2〜15分くらい焼く。

③ 油紙をひいたタルト型にスプーンを使い流しこむ。

材料

バター	150g
卵	3個
砂糖	150g
小麦粉	150g
ラム酒	少々
ベーキングパウダー	少々

できあがり!

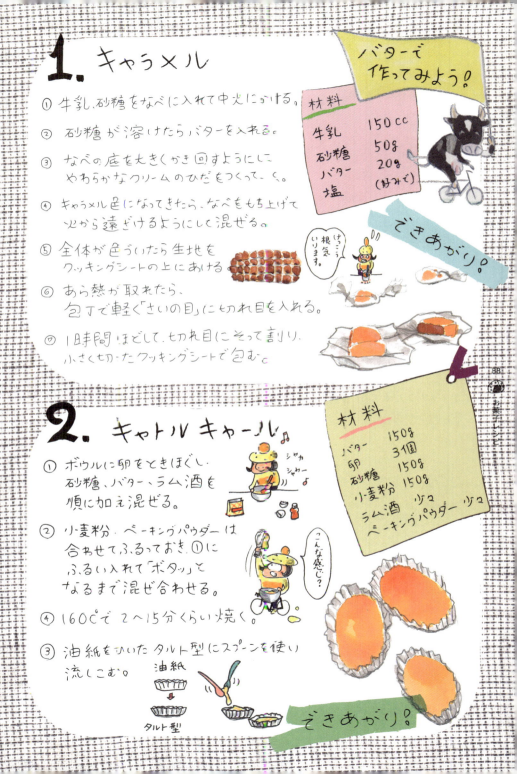

用宗興津しおさいコース

JR用宗駅から興津駅まで、
駿河湾の海岸沿いは真っ平らな道。
人情味あふれる漁港から、
景色は次第に近代的な貿易港へ変化していく。
終点は歴史ある興津の町を散策、
私の思い出も振り返る50㎞の旅になった。

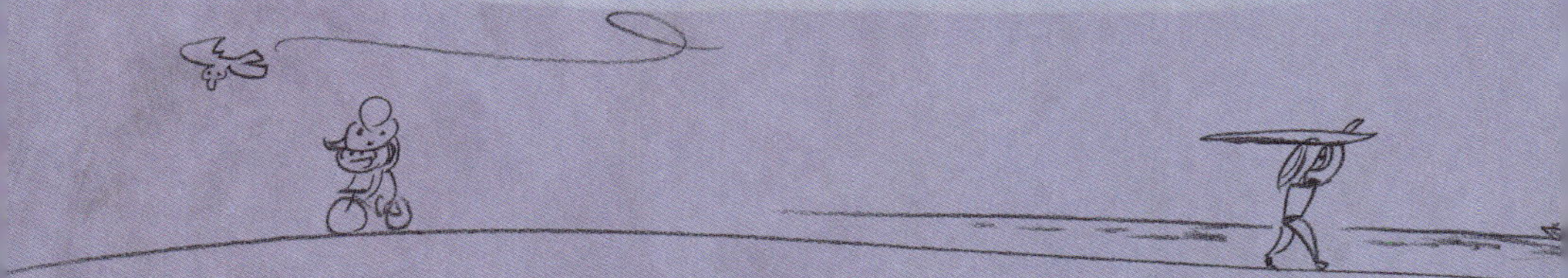

スタート 0km JR用宗駅
2km 海上橋
14km 旧マッケンジー住宅
18km 早川農園
26km マッシモ
30km 清水灯台（三保灯台）
40km 清水港テルファー
46km 清見寺
ゴール 50km JR興津駅

スリル満点な海上橋

いつも相良海岸沿いをサイクリングしている私。駿河湾の青い海の先に富士山を望む直線コースで波が手招きし、船着き場に差し掛かれば停泊する漁船が間近に見える。季節によって変わっていく海岸の景色は見ていて飽きることがない。それは自分の足で移動したからこそ目に留まるのだろう。そして、興津はまだ自転車を買ったばかりの頃、あまりの嬉しさに旅をしたくなり、一人で相良から大崩海岸を通り、静岡の街を抜け興津で1泊した思い出の場所でもある。久しぶりに潮騒の道を散策してみたくなった。

今回のスタート地点はJR用宗駅。出発は遅めの午前10時半頃、風の穏やかな暖かい1日になりそうだ。駅のそばで、地元のおばあちゃんたちがイスを持ち寄ってひなたぼっこをしている。

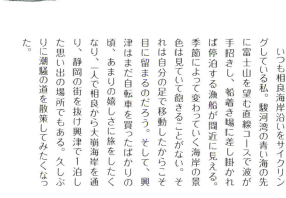

海岸沿いで
トゥクトゥク見つけた!

さて、興津とは逆方向だが最初に行きたい所がある。大崩海岸へ続く海上橋だ。途中、入り組んだ路地裏がたくさんあって、どう通ろうかとワクワクしてしまう。挙げ句の果てにすっかり迷い、通りすがりのオジさんに行き方を訪ねたら、親切に教えてくれた。

15分ほど走ると、いよいよ海上橋。以前訪れた時は焼津側から大崩海岸を越えてきたせいもあって、下りのスピードにまかせて立ち止まることなく通過してしまった。逆はどうだろう。道路は地面を離れ、空に浮かび上がるように勾配が始まる。眼下は真っ青な海でスリル満点。正面には切り立つ崖に食い込んだ、旧東海道本線の石部トンネル跡がまるで遺跡のよう。用宗港の方を振り返ると富士山が圧巻だった。どうりで路側帯に、バズーカのようなカメラが並んでいるわけだ。

海上橋から用宗に戻って、安倍川を越え静岡清水自転車道を30分走り「旧マッケンジー住宅」に到着。日本茶の輸出に力を尽くしたアメリカ人、マッケンジー夫妻の邸宅だった所だ。入り口付近に自転車を置き、玉砂利を進む。青空の下、赤い西洋瓦の屋根と白壁のコントラストが映える。そして丸く縁取られた窓が異国情緒たっぷり。「洋館」と一口に言うが、様式はさまざま。ここは、大正時代から昭和初期にかけて流行したスペイン式だという。中へ入ると、奥の台所は当時のアメリカを思わせるコンロや冷蔵庫、壁掛けコーヒーミルなどが設置されていてまるで映画のセットみたいだ。

1階キッチンには
壁掛けコーヒーミル!

2階に夫人がモデルの日本人形が
かざられている

キッチンタイマー!

古いアメリカ映画の
セットみたい!

青空と
久能山東照宮と
あきひめ

真っ赤なイチゴをほおばって

旧マッケンジー住宅を離れてしばらく海沿いの道をまっすぐ走る。風も穏やかでぐんぐん進む。沖の白いボートとしばしの追いかけっこだ。ふいに山側のイチゴ直売所が目に留まる。

久能地区の国道150号線沿いは、イチゴ観光農園が並ぶ人気スポット。途中、久能山東照宮の参道入り口が見えてきた。江戸時代、徳川家康の遺命により遺骸は久能山に葬られ、二代将軍秀忠によって東照宮が創建された。その近く「早川農園」は、色合いがかわいい外観。ここ一帯は章姫（あきひめ）という品種の育成が多いそうだ。1パックを買ってそばのベンチでおやつタイム。雲ひとつない青空に真っ赤なイチゴが鮮やか。あっという間に全部食べちゃった。さあ、三保半島へ。

イチゴ模様の
歩道

マルゲリータに
オリーブオイルを
たっぷりかけると
おいしい！

三保に差し掛かると、すっかりお昼時。この辺りにサイクリストの経営するレストランがあるらしい。

巴川の天女像
松の意匠がカッコイイ!

青い海と赤いクレーンのコントラストがキレイ

世界遺産となった三保の松原のそば、大きなイタリア国旗が揺れている「マッシモ」に着いた。壁には染め付けのお皿やルネサンス時代の絵画が飾られ、イタリアの雰囲気。ロードレースの写真や有名選手のサインなどもあった。

お腹を満たした後、松林の海岸線に沿って半島の先へ向かう。沿道で、釣り道具を持った年配の男性や犬の散歩中の女性が気さくに声を掛けてくれる。先々にベンチや広場が設置され、前方には富士山をバッチリ眺めることができる、ちょうどいい散歩道なのだろう。松林の間から清水灯台を見つけた。通称「三保灯台」。高さ18m、1912年（明治45年）の築造、日本初の鉄筋コンクリート造りの灯台だ。今でも現役で活躍している。松の緑と白亜の塔といった色彩のコントラストがまぶしい。

35km

同じ形の倉庫がいっぱい

朝鮮通信使の足跡を訪ねて

半島の先端で折り返し、今度は市街地方面へ。何やら自転車道らしい道と遭遇する。清水駅と三保地区を結んでいた旧清水港線（1944〜84年）の跡だった。今では一部が遊歩道と自転車道に整備され、市民の生活に溶け込んでいる。港周辺には大きなコンテナ船が停泊し、国際貿易港の貫録十分だ。観覧車を目印に進んでいくと、巨大なクレーンが目に飛び込んできた。

「清水港テルファー」は清水港駅に建設された輸入木材を積み下ろすクレーン。木材や石炭の荷役に活躍したが、1971年に役目を終えた。今は清水港のシンボルとして清水マリンパーク内に保存され、2000年には国の登録有形文化財になった。まるで巨大生物の骨格のよう、今にも動きだしそう。鉄骨の意匠がカッコイイ。

清水港テルファーから興津方面へと進む。さすがは貿易港、しばらく同じ形の倉庫が続く、まるで城壁のようだ。用宗漁港の毛細血管のような路地の雰囲気とはまた違う趣がある。30分走って、そろそろ日も傾きかけてきたころ、今回ぜひ立ち寄りたかった「清見寺」にたどり着いた。清見寺は、総門と山門の間にJR東海道本線が通る珍しい古刹。山門をくぐった右手には見覚えがある大きな梵鐘だ。夕日のオレンジ色に照らされて美しい。

　前回は2015年。日韓国交正常化50周年記念のイベントとして、両国から50人のサイクリストがソウル・景福宮（朝鮮時代の正宮）から東京・新宿都庁までの1900㎞、22日間の道のりを自転車で走った。その途中で立ち寄った。

清見寺には江戸時代、朝鮮通信使が宿泊し、多くの書画を残している。私たちも本堂の書画を見学し、梵鐘に登って記念撮影した。当時、愛車と一緒にはるばる遠くからやってきた興奮も相まって、少しも心細くなかったのは、ここ一帯が昔から宿場町として旅人を受け入れて来たからだろう。清見寺に別れを告げ、終点のJR興津駅まで自転車を走らせた。

午前10時半頃に用宗駅を出発し、興津方面とは逆方面の海上橋を渡った。海上橋を折り返して東進し、安倍川を渡り、旧マッケンジー住宅の映画のセットのようなキッチンに胸をときめかせ、三保半島のマッシモでピザタイム。その後清水港線跡をたどって巨大な清水港テルファーを見学した。興津では清見寺で韓国人サイクリストとの交流を思い出し、興津駅で自転車を下し、輪行袋を広げた。走行距離に50km。懐かしの土地にその時と同じ自転車でまた訪れることができた嬉しい1日だった。

用宗〜興津しおさいコース

ルートラボ

https://yahoo.jp/PXEExQ

イチオシ!! 牧之原周遊コースをもうひとつ

台湾西岸トロピカルコース 番外編

自転車王国といえば、台湾!

台湾と静岡の団体がツアーを企画したので

さっそく行ってみたくなった。

自転車に優しい国、

思い出いっぱいの旅になった。

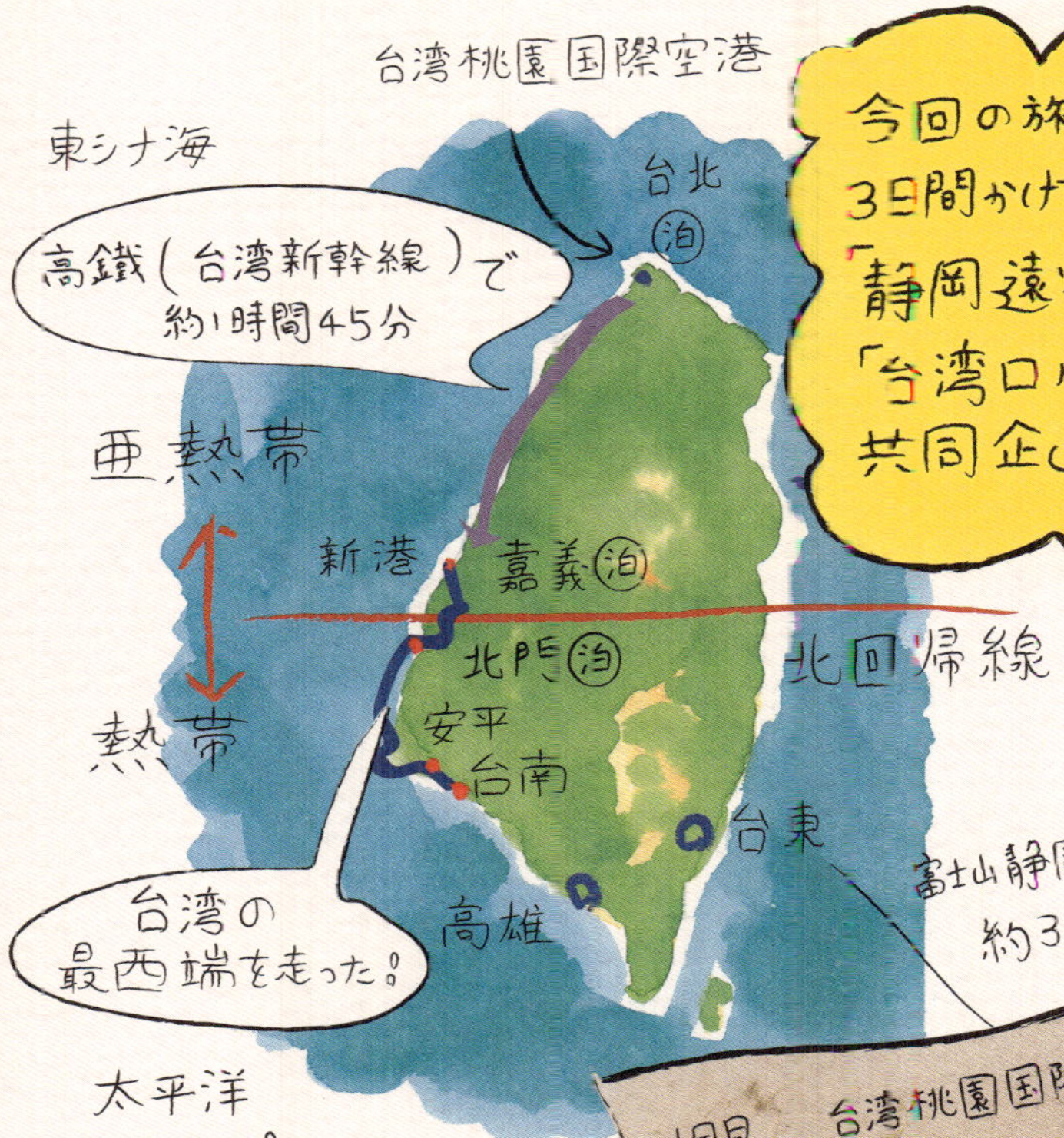

今回の旅は新港から
3日間かけて台南西部を走る
「静岡遠州観光ネットワーク」と
「台湾ロハス協会」の
共同企画ツアーだよ!

1日目　台湾桃園国際空港へ
桃園 泊

2日目　新幹線で嘉義駅　30km
新港 → 嘉義 泊

3日目　嘉義 → 北門 泊　70km

4日目　北門 → 台南 安平　70km
台南駅までバスに乗り
台北郊外のホテル 泊

5日目　静岡空港へ

私の服装

2月の気候は
だいたい日本の5月くらい

スタート前は
現地スタッフが
手描きの行程表で
コース説明してくれた。

ツアーで自転車を
レンタルできるんです！

新港より
いざスタート！

あたたかい目で
しっかり見守ってくれる車側 →

ガイドがホイッスルで
車に対し交通を整理することもあったけれど
クラクションを鳴らされなかった。

文化や
気質のちがいだね。

台湾バナナ！

立ち寄りポイントでは
サポートスタッフが
台湾のおやつをみんなに
配ってくれる。

甘い梅干し

やわらかいおこし風菓子

ふわふわして大きいので
袋ごとつぶして
ヌガー状にすると
食べやすいよ。

新港の笨港水仙宮

台湾一美しい切妻を持つ寺院

ここのお寺のみなさんが
タピオカデザートを
配ってくれた。

旅先の安全を願い
お守りを
いただきました。

大量のゴミをのせ
ゴミステーションへ
向かうおばあちゃん。

Q.おばあちゃんは
どこにいるでしょうか?
わかるかな。

板頭村剪黏大壁畫
（粘土壁）

全て陶器のカケラを
貼り合わせ.つくられた木

よく観察すると
茶碗や急須だと気がつく。
嘉義はお米の産地
だからお茶碗もいっぱい
作れるのかな？

田舎風な農園レストランは
外にトイレがあった。
食堂の女子トイレのサインが
なんともダイレクトな
デザインだった。

ひなたぼっこする水牛
そのりっぱな体つきに感動。
こんなに近くで見たのは
はじめて。

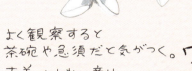

信号待ちで出会った
雰囲気ある
新港奉天宮の門

ジャケットを後ろ前に
はおっている人多数。

スクーター
4人乗り!
スゴーイ!

走れば寒い
止まれば暑いから
脱ぎやすさ重視なのか……。

ゆったりスペース
台湾のお墓

何につかうんだろう?
映画のセットみたいな
大きいかめとオブジェの前で
シーソーあそび。

嘉義県の
北回帰線公園で
記念撮影

北門にある塩田。
広場には、塩のブロックで
できたお家があった。

塩田も台湾ならではの風景。
夕日に照らされ
黄金色に輝いていた。

歩道の標式
「慢」は
ゆっくり という意味。
ステキ♡

一度はチャレンジしたい!!
「環島」(台湾一周)する
人に向けての案内車線

公園内にあった
ラブリーな標識

途中の自転車道で
見かけたサイン
自転車への愛を感じるねぇ。

ユニークな形の
自転車ラックみつけた。

台湾の魅力に
どっぷり
つかっちまった。

食堂の庭にあった
コイの置き物。

そばのバスタブに
サトーさんが入る。

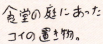

北門の食堂で
回転テーブルを回しながら
会話を弾ませた。
台湾を
食べつくすぞー!
エビの姿焼き
カキ入り
そうめん
空心菜のいためもの
たまねぎサラダ
中華野菜
スープ
汁なし意めんと
そぼろ丼セット
台湾鯛の
煮付け
トリが丸ごと入った
薬膳スープ
小エビの入った
ちまき
白米
冬瓜とアサリの
いため煮
レモンティーみたい
さわやかな味
冬瓜茶を飲んでみると…
冬瓜茶屋さんの前にあった
丸太のような冬瓜!
営業中
黒糖と煮つめて
乾燥させるんだね。
臭豆腐
休けいしてたら
臭豆腐の移動販売がやってきた。
揚げた臭豆腐を
辛いソースと白菜で和えてある
びっくりする程クサいけど、
チーズのような風味に誘われ
ペロリとたいらげた。

力を入れる おまじない

うーん
タイヤを ホイールに入れる時 力がいるなあ…
ぐぐぐ
そんな時は 子供の頃の おまじないか…!
よしっ!
おかーさん リンゴたべたい ゆってー
きたのうみっ!!
北の海関
私なう
ちよのふじっ!!

これでバッチリ！メンテナンス

揃えておけば安心アイテム

工具

アーレンキー（六角レンチ）

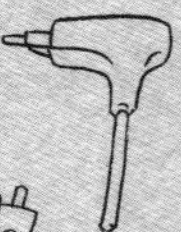

チェーンカッター

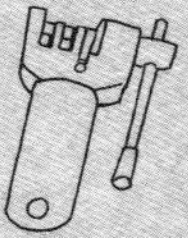

チューブ

パンク修理パッチ

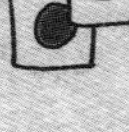

タイヤレバー

空気入れポンプ

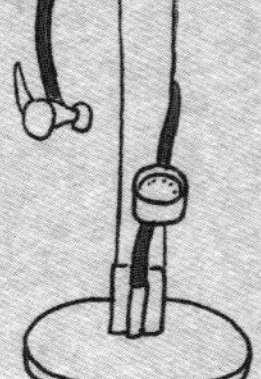

救急キット

コールドスプレー

脱脂綿

消毒液

サージカルテープ

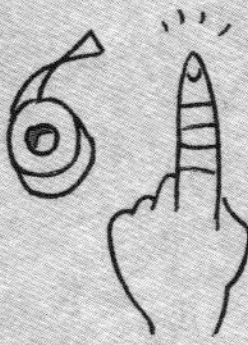

除菌ペーパー

ばんそうこう

ポケットティッシュ

ビニール袋

薄いゴム手袋

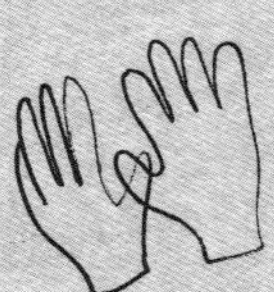

キャンディなど

出発前点検

① タイヤ空気圧の確認

↓

② 前ブレーキ動作確認

↓

③ 後ブレーキ動作確認

↓

④ ハンドル周りのボルトの緩みを確認
（ハンドル周りの点検参照）

↓

⑤ 変速機動作確認

↓

⑥ サドル調整

ブレーキ開放
レバーの締まり

10cmぐらいの高さから
軽く落として
異音がないか確認

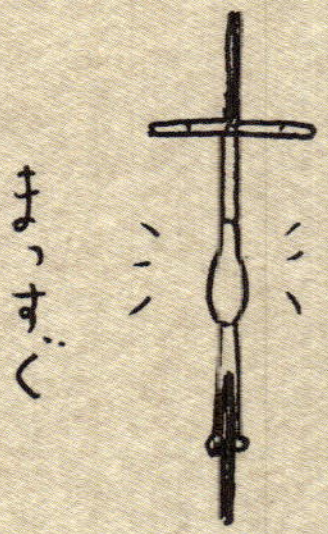

上から見て
トップチューブと
くらべて
ゆがみがないか
確認する

ハンドル周りの点検

ハンドル周りの点検〈ロード・クロス〉

〈上から見た図〉

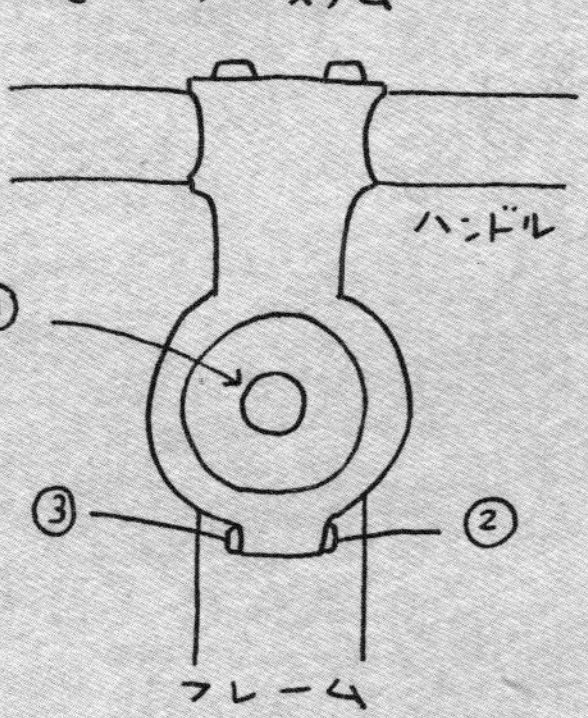

〈横から見た図〉

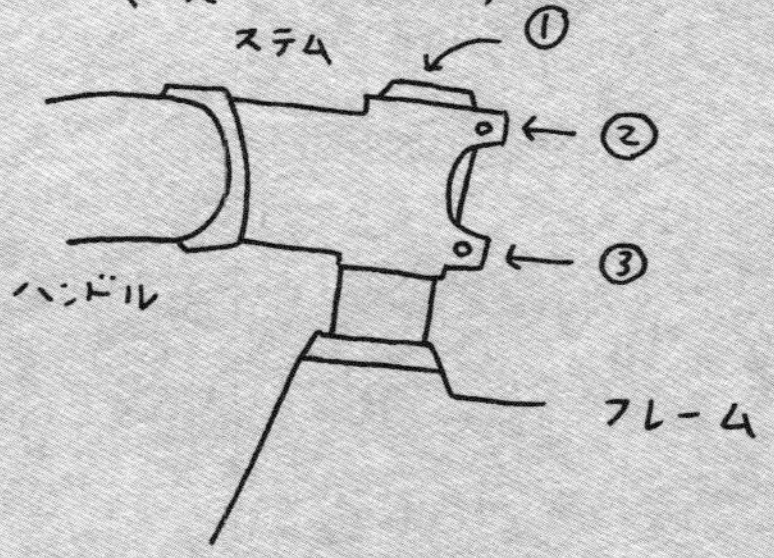

ハンドルの中心がずれていたり
ハンドルの高さを調整する時は①.②.③のボルトを緩める
締める時はまず①を締めてから②と③を交互に締めていく
☆ 乗車前 ①②③ の ボルトが 緩んでいないか確認する

〈前から見た図〉

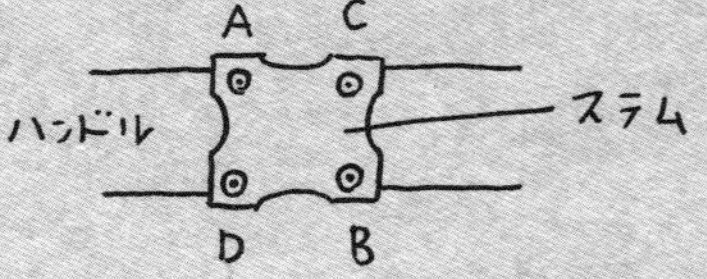

締めるときは

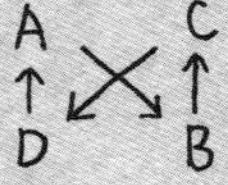

の順で締めるとズレない

ハンドルの傾きを調整する時は A.B.C.D のボルトを緩める
(ポイント) 締める時 A→B→C→D→A→ の順に締めていく
☆ 乗車前 A.B.C.D のボルトが緩んでいないか確認する

ブレーキ調整

① 左右のブレーキシューが同時にホイールに当たるように調整する

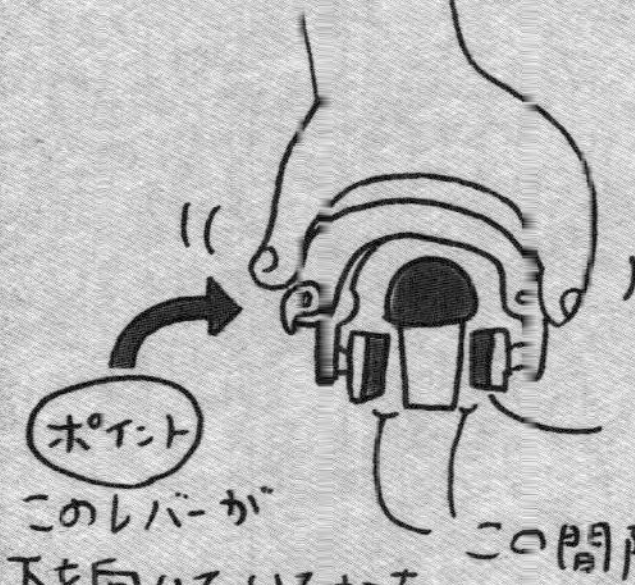
このレバーが下を向いているかを確認
ブレーキシュー
この間隔は1〜2mmくらい

均等に当たらない時はブレーキ本体を左右に傾けて調整する

↓

もし動かない場合は後ろの受けを緩める
締め忘れに注意!

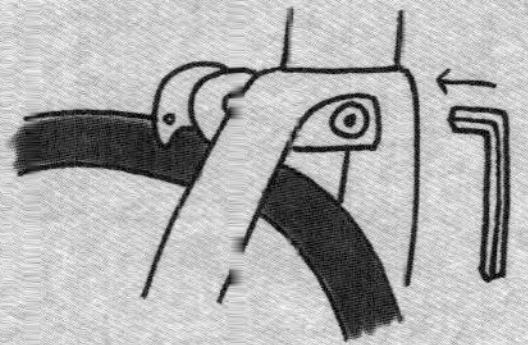
ナナメから見た図

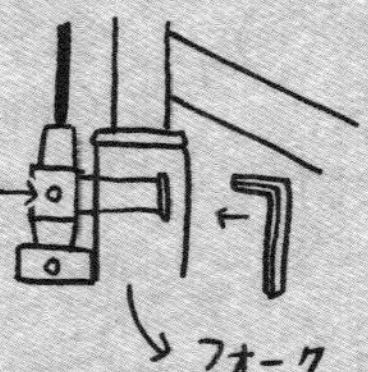
横の図
横に調整ネジあり

後ろから5レンチを差しこむ
リアブレーキも裏側に穴がある

② ブレーキシュー幅が広すぎる、または狭すぎる場合
上部のボルトで調整する

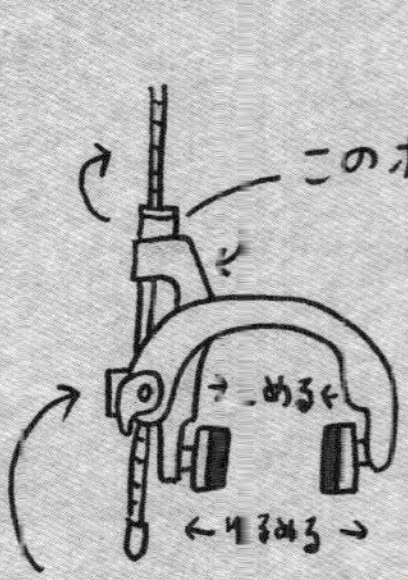

このボルトを締めるとブレーキが広がる = ブレーキが遅く利く

緩めると 〃 狭まる = ブレーキが早く利く

直らない場合はこのボルトを緩めてワイヤーを張り直す。

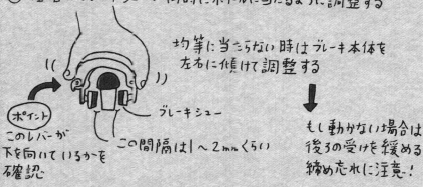

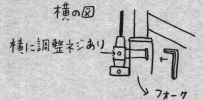

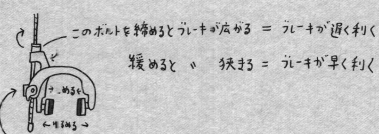

③ ブレーキシューがホイールに平行に当たるか確認する

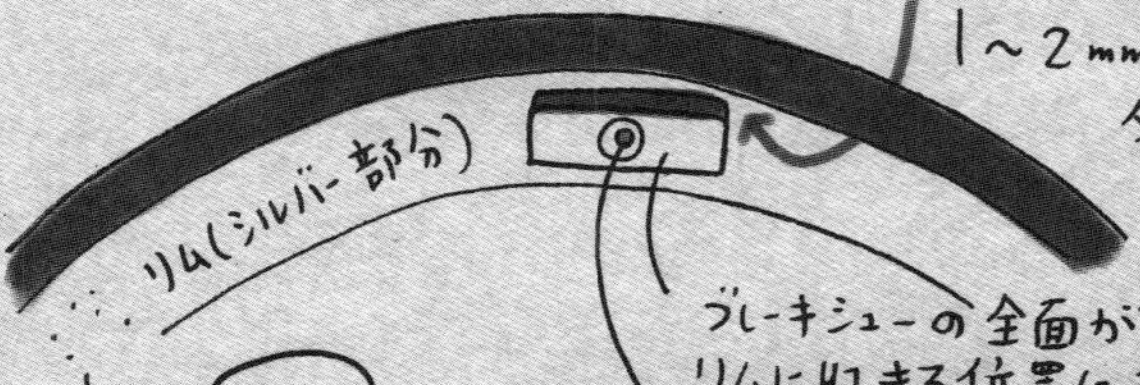

この間隔は
1〜2mmくらい空ける
タイヤに当たらないように
注意!
パンクの原因に!!

ブレーキシューの全面が
リムに収まる位置にする
ボルトを軽く緩め ブレーキバーを
浅く握って合わせる

ポイント

リムには
ブレーキダストがたまるので
パーツクリーナーを吹いた
ウエスで拭き取る

ポイント

走行中に強い力が
かかるため
シューを固定するボルトは
強めに締める!

④ 乗車前 乗る本人自ら
前後のブレーキがそれぞれ片方だけで止まるか確認する

異音がする
場合は
何かのトラブルの
前兆

自転車にまたがずに
タイヤが右ブレーキだけで動かなくなる
そして
左ブレーキだけで動かなくなる
ことを必ず確認する

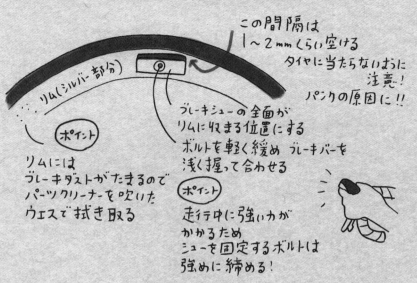

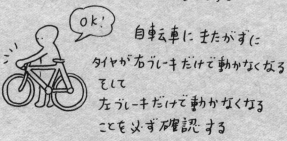

タイヤを外す

① バルブキャップを外す
バルブナットがある場合はそれを外す

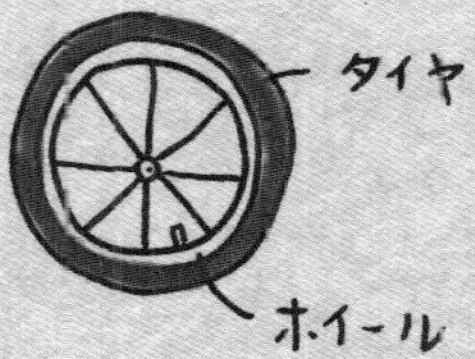

ホイール

② 空気を抜く

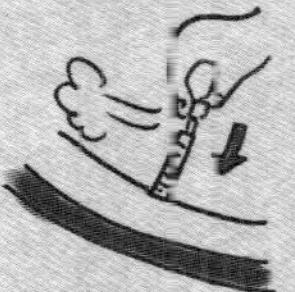

仏式はバルブ先端を緩めて押す

英式は虫ゴムを外す

③ タイヤを一周もむ　タイヤレバーを差し込み、テコのように起こして外す

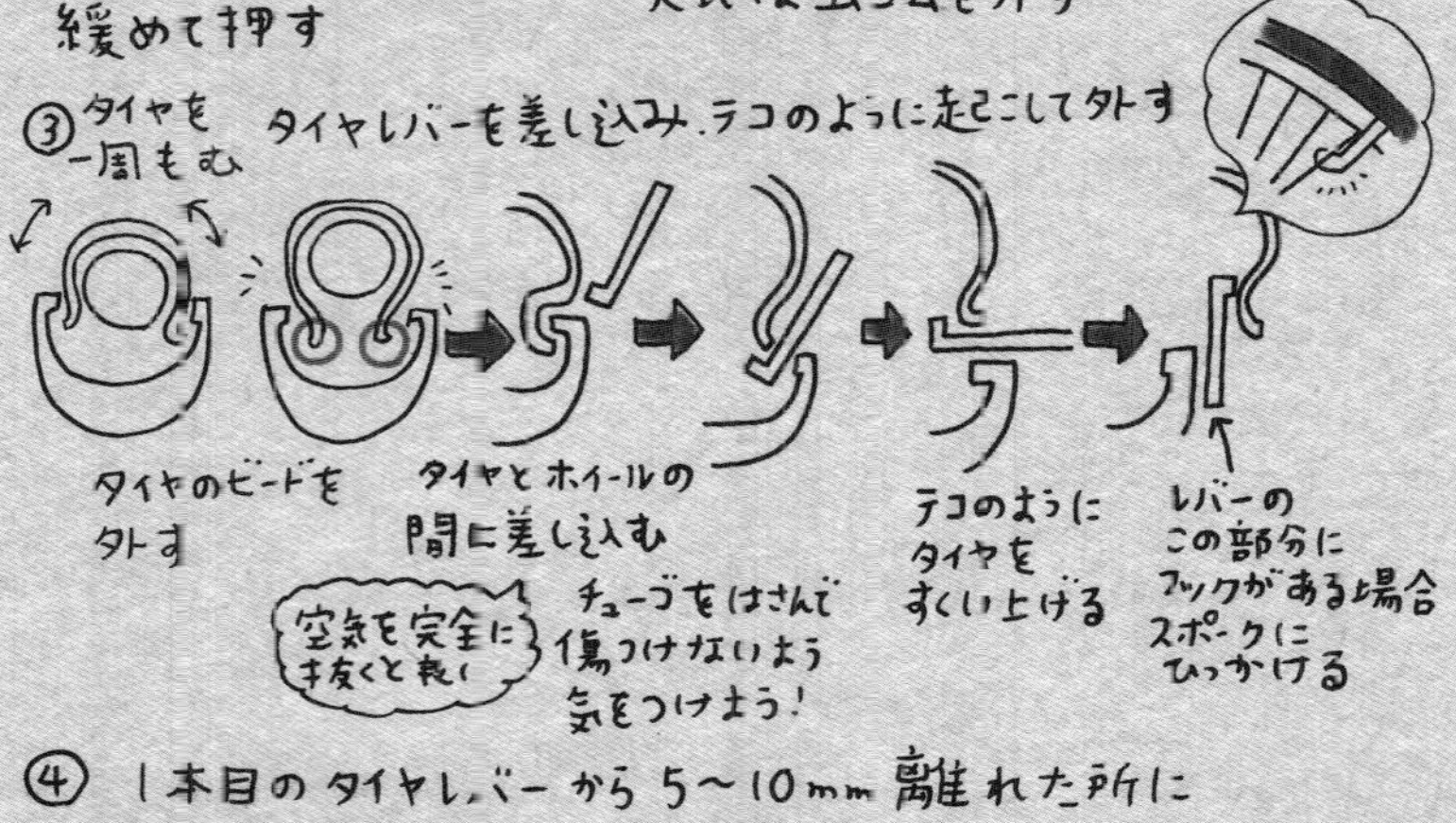

タイヤのビードを外す
タイヤとホイールの間に差し込む
空気を完全に抜くと良い
チューブをはさんで傷つけないよう気をつけよう！
テコのようにタイヤをすくい上げる
レバーのこの部分にフックがある場合スポークにひっかける

④ 1本目のタイヤレバーから5〜10mm離れた所に
③と同じ手順でタイヤレバーを差し込む
緩んだタイヤを外していく

この部分が外れる

⑤ 固い場合は5〜10cm離れた所に3本目のタイヤレバーを差し込む

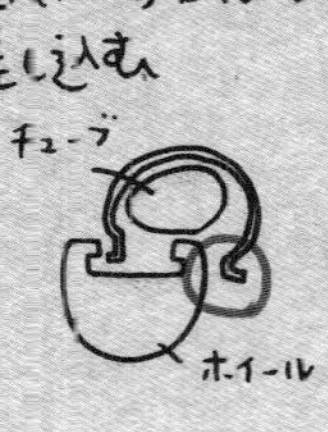

ホイール

片側が一周分外れる
パンク修理等でチューブだけ外す場合は
タイヤは片側だけ外れていればよい

タイヤを取り付ける

① ホイールにタイヤの片側をはめる

断面図

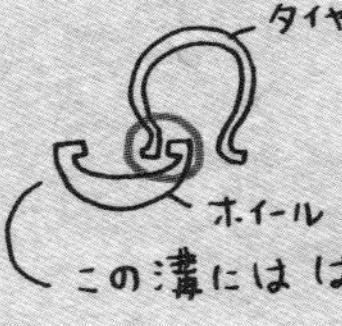

チューブを外している場合
ここで入れる
バルブの方から入れるとよい

チューブをタイヤに
収めたら少しだけ
空気を入れる。

ナットを
浅くはめて
取り外せる
ようにしておく

② もう片側のタイヤを8割ほど手ではめる

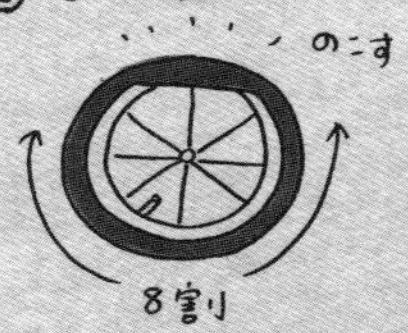

8割部分

ポイント

タイヤのロゴを
バルブの位置に合わせると
目印になって
空気が入れやすくなる

③ 残った2割の部分をタイヤレバーを使ってはめる

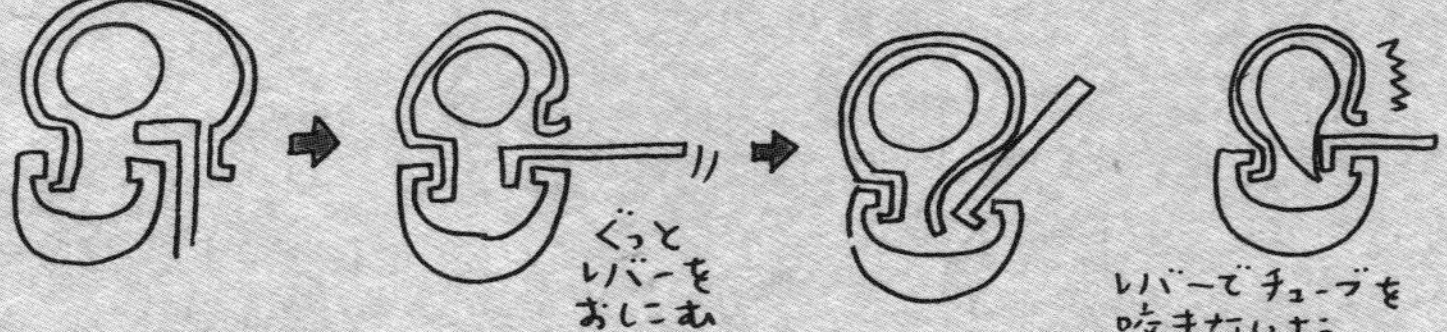

レバーでチューブを
咬まないよう
気をつけよう
(パンクの原因になります)

④ タイヤを一周手でもむ
左右に振る事で
チューブの挟みこみを防ぐ

⑤ タイヤが軽くはまるまで空気を入れる(満タンにしない)

⑥ 一度空気を抜く

⑦ ④をくり返す(念のためもう一度もむ)

⑧ 定圧まで空気を入れる

タイヤの側面に
記してある

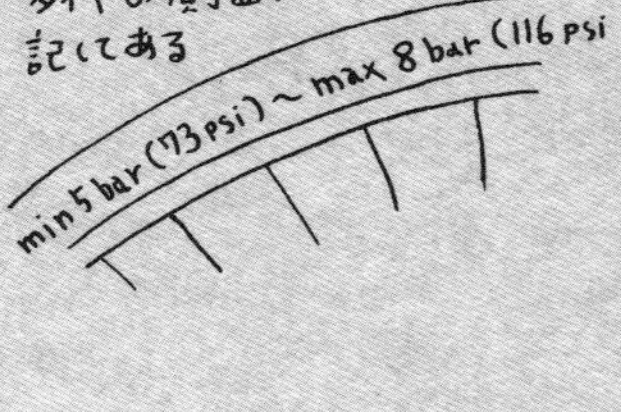

完成

バルブナットと
バルブキャップを
取り付けるのを忘れずに!

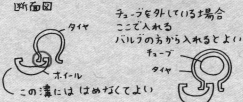

帰着後点検

① 破損・キズチェック

走行後ウェスをかけながら
チェックしよう

② フレーム洗車

特にブレーキ、チェーンの付近は
汚れやすいのでチェックして

③ チェーン駆動部洗浄

※汚れに応じて、雨天時は早めの作業を

④ 注油

必要に応じて

パンク修理

①「タイヤを外す」の手順でチューブを抜く

② チューブに空気を入れ穴を探す

③ タイヤの裏側をなぞり、パンクの原因を探す

小石等が見つかった場合は取り除く

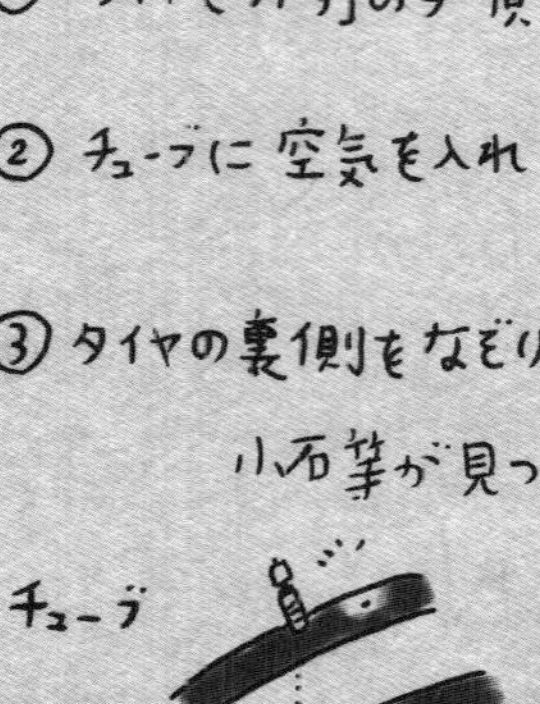

仮に、バルブから15cmの所に穴を見つけたら
同じ距離のタイヤの所に原因がある
可能性が高い

チェーンの掃除

〜ロード・クロス・シティ共通〜

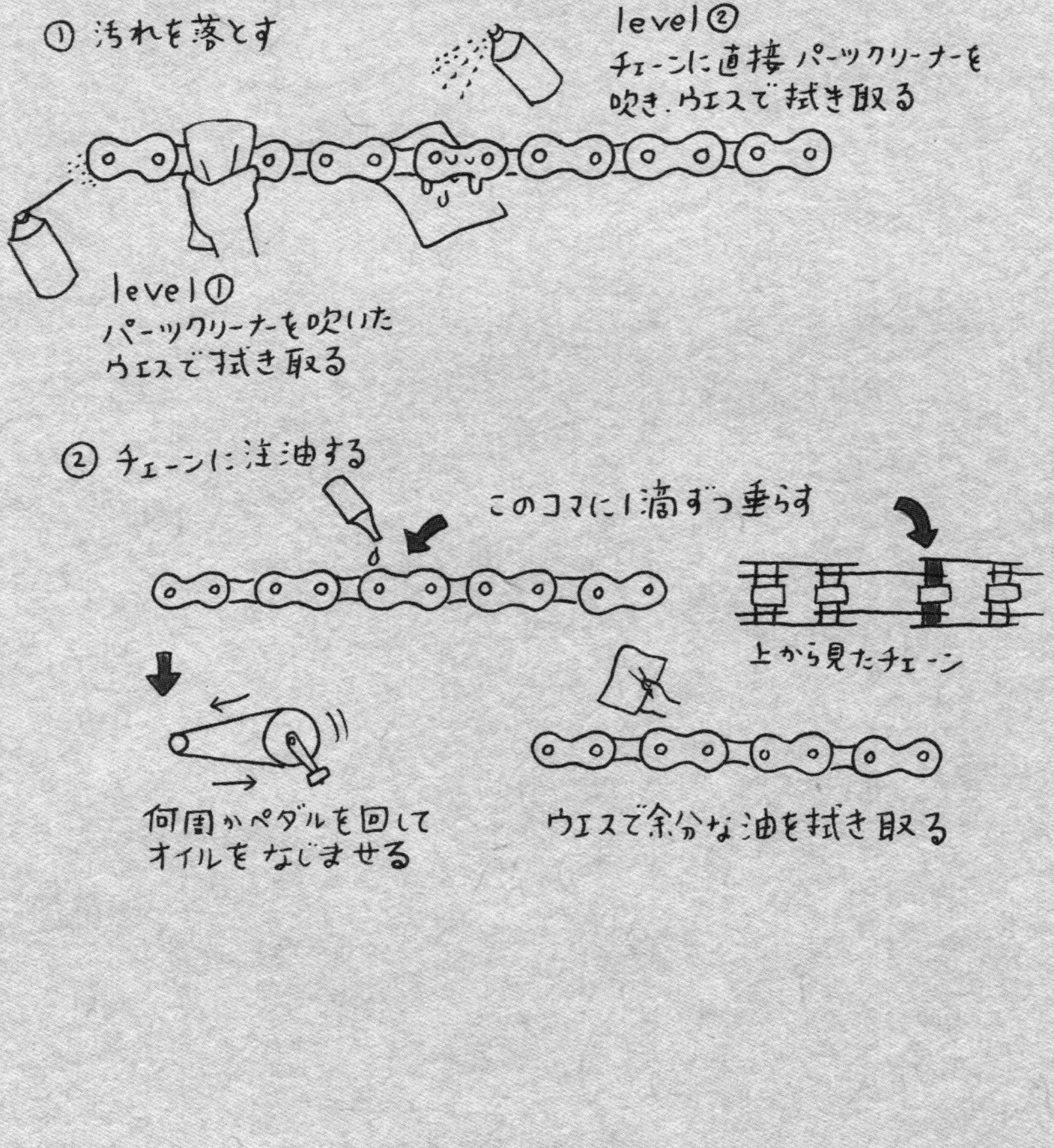
① 汚れを落とす
level②
チェーンに直接パーツクリーナーを
吹き、ウエスで拭き取る
level①
パーツクリーナーを吹いた
ウエスで拭き取る
② チェーンに注油する
このコマに1滴ずつ垂らす
上から見たチェーン
何周かペダルを回して
オイルをなじませる
ウエスで余分な油を拭き取る

塩田光孝さん監修　アクティビティーセンターアンドア
「自転車を安全・快適に乗るために【基本メンテナンス編】」より抜粋

いつでも一緒 自転車 GOODS

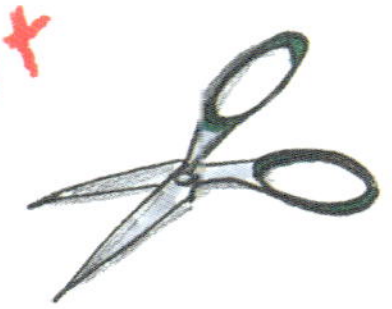

ペンケースをつかって トップチューブバッグ作り

用意するもの

① トップチューブに当て位置を決める。

② 縫う

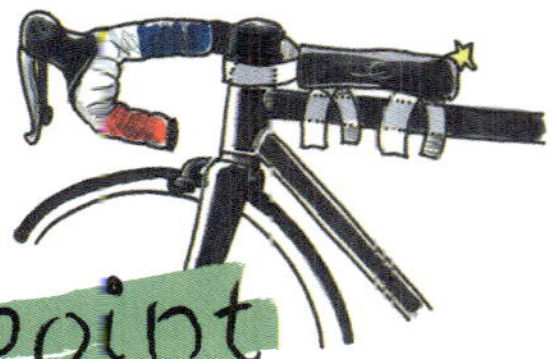

マジックテープが丈夫なので縫うときけっこう力が必要です！

point

ポーチがひざに当たらないかや、チャックの開封具合を確認する。

番外編

道の駅で出会った男性サイクリストの工夫

穴あきサドルの穴を利用して買い物袋をくくりつけていた。

ピーマン・ナスなどの野菜が入っていた。

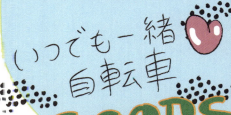

「コゼバッグ」でフレームバッグをオーダーメイド

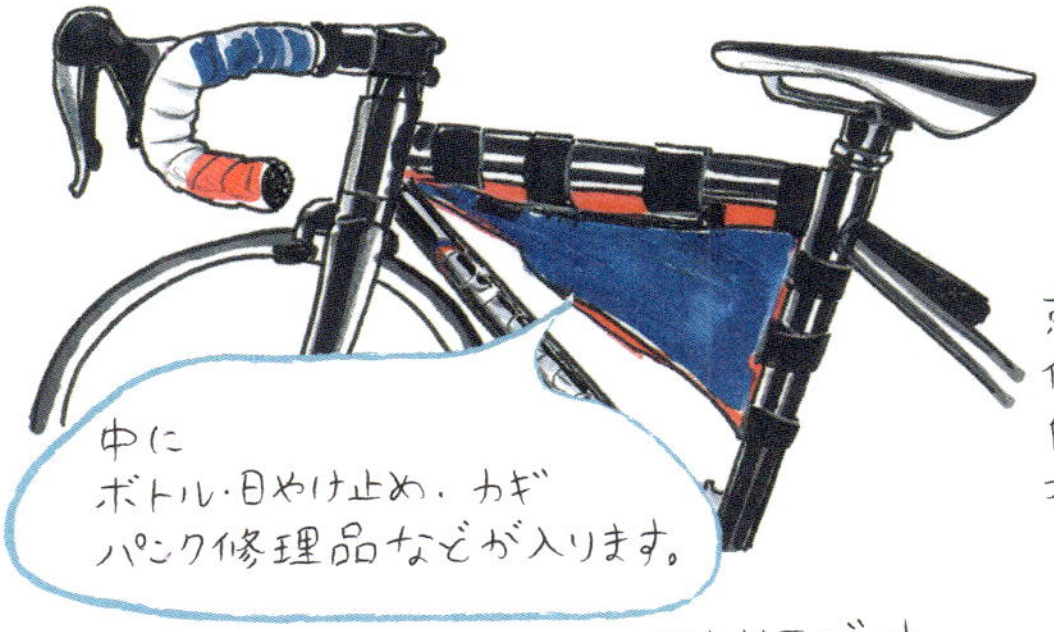

京都在住の元メッセンジャー女子が
作っているバッグ。
自分のフレームで型紙をとって
オーダーしました。

アトリエでは
たくさんの生地や糸の中から
オリジナルバッグを作れます。

完成!

私は左利きなので
バッグの開封口は
左側。

マジックテープ

手ぬぐい

「かまわぬ」手ぬぐい
カゴ付きシティサイクル柄

「梨園染戸田屋商店」
の手ぬぐい
小径車・MTB・BMX
など色々な車種が
描かれていてカッコイイ。

レトロなタッチの
しまなみサイクリング
手ぬぐい

自転車仲間のお土産
ロシアの「のみの市」で見つけた
ピンバッジ。

お守り

(中) 多摩川サイクリングロード終点
羽村の阿蘇神社

(左) 東京都渋谷区
千駄ヶ谷の
鳩森八幡神社

(右) 森町の
天宮神社

秋てんこもり！新城コース

道の駅　もっくる新城
愛知県新城市八束穂五反田329-7
☎0536-24-3005
時間/本館、ラーメン共に9:00～18:00
バイキング11:00～15:00
足湯10:00～16:00(木曜休み)
休み/無休

鳳来寺
愛知県新城市門谷字鳳来寺1
☎0536-35-1004
時間/9:00～16:30

鳳来山東照宮
愛知県新城市門谷字鳳来寺4
☎0536-35-1176
時間/9:00～16:00

そば処　やまびこ
愛知県新城市玖老勢字新井9
山びこの丘内
☎0536-35-1191
時間/11:30～14:00
休み/火曜日、年末年始

愛知県民の森
愛知県新城市門谷字鳳来寺7-60
☎0536-32-1262
時間/7:00～20:00
休み/月曜日(祝日開館、翌日休み)

牧之原deバター作りコース

Higher Ground Camping
(ハイアーグランドキャンピング)
牧之原市静波2220-59
☎0548-23-0888
時間/ランチ11:00～15:30
休み/ランチ水曜日
キャンプは無休

ベーカリー&カフェ　アッフェル
牧之原市細江3769-7
☎0548-22-7876
時間/9:00～18:00
休み/月曜日、第3日曜日

ハーク
住所/牧之原市相良252-2
電話番号/0548-52-1127
時間/11:00～21:00
休み/水曜日

中伊豆大地の息吹コース

伊豆大見の郷　季多楽
伊豆市柳瀬252-1
☎0558-83-2636
時間/9:00～16:00
休み/年末年始

最勝院
伊豆市宮上48
☎0558-83-0044

伊豆半島ジオパーク
ミュージアム　ジオリア
伊豆市修善寺838-1
修善寺総合会館内
☎0558-72-0525
時間/9:00～17:00
入館は16:30まで、入館無料
休み/水曜日(祝日開館、翌日休み)

修善寺no洋食屋
伊豆市修善寺697-1
☎0558-72-8971
時間/ランチ11:00～
ラストオーダー14:00
ディナー18:00～
ラストオーダー20:00
休み/水曜日、第1・3木曜日

ベアード・
ブルワリーガーデン
タップルーム修善寺
伊豆市大平1052-1
☎0558-73-1225
時間/平日12:00～19:00
土日祝日11:00～20:00
工場見学/土日祝日12:30～
14:30～、16:30～
(所要時間30分、小学生以上対象)
休み/無休

用宗～興津しおさいコース

旧マッケンジー住宅
静岡市駿河区高松2852
☎054-237-0573
時間/9:00～16:30、入館無料
休み/月曜日(祝日開館、翌日休み)
年末年始

早川農園
静岡市駿河区根古屋39
☎054-237-2953
時間/9:00～16:30
(イチゴ狩りシーズンは12月下旬
～5月下旬。それ以外は土日のみ営業)

マッシモ
静岡市清水区三保89-1
☎054-335-0030
時間/11:30～14:00
18:00～21:00
休み/月曜日(祝日営業、翌日休み)

清見寺
静岡市清水区興津清見寺町418-1
☎054-369-0028
時間/8:30～16:30
(拝観受付は16:00まで)
拝観料/大人300円、中学生200円
小学生100円

ラ・コーザンヌ
静岡市清水区興津中町619
☎0120-69-6710
時間/9:30～19:00
休み/水曜日

御前崎つゆひかり快走コース

あらさわふる里公園
御前崎市下朝比奈158-7
☎0537-85-8230
時間/8:00～17:00
休み/木曜日、年末年始

牧之原製茶
御前崎市上朝比奈3151-3
☎0537-87-2010
時間/8:00～17:00
休み/土曜、日曜日、祝日

マルタケ製茶
御前崎市上朝比奈300-3
☎0537-87-2047
時間/9:00～17:00
休み/日曜日、祝日

道の駅　風のマルシェ御前崎
御前崎市合戸字海岸4384-1
☎0537-85-1177
時間/農産物直売所9:00～18:00
キッチン御前崎9:00～18:30
(ラストオーダー18:00)
休み/年末年始

御前崎市丸尾記念館
御前崎市池新田2895-1
☎0537-85-8510
時間/9:30～15:30　入館無料
休み/月曜～金曜日、年末年始

富士山納涼コース

無上帑
富士市南松野247
☎0545-69-3588
時間/10:00～17:00
休み/木曜日

グロースヴァルトSANO
富士市南松野2066-1
☎0545-85-2208
時間/月・水～土曜日9:00～18:30
日曜日は18:00まで
休み/火曜日

西山本門寺
富士宮市西山671
☎本堂見学は0544-65-0242へ
事前連絡を

土井ファーム
(バール・ジェラテリア)
富士宮市下条777-1
☎0544-58-7078
時間/10:30～17:00
休み/火曜日

う宮～な
富士宮市外神123
☎0544-59-2022
時間/8:30～17:00
休み/火曜日(祝日を除く)、年末年始

富士高砂酒造
富士宮市宝町9-25
☎0544-27-2008
時間/平日・土曜日・祝日
9:00～18:00
日曜日10:00～17:30
休み/年末年始

文具の蔵Rihei
富士宮市宮町8-29
☎0544-27-2725
時間/9:00～19:00
休み/無休

神戸醤油店
富士市北松野371
☎0545-85-2428
時間/7:00～19:00、不定休

富士山本宮浅間大社
富士宮市宮町1-1
☎0544-27-2002

中遠たてものコース

浜松市秋野不矩美術館
浜松市天竜区二俣町二俣130
☎053-922-0315
時間/9:30～17:00
休み/月曜日(祝日の場合は開館翌日休館)、年末年始

白壁館
磐田市敷地456-1
☎0539-62-5461
時間/平日のみランチ
11:00～14:00、
ティータイム14:00～16:00
産地直売店は9:00～17:00(無休)
休み/年末年始

かけがわ西の市
掛川市本郷27-2
☎0537-28-8263
時間/9:00～17:00
休み/水曜日、年始

いちりきのコロッケ
森町森1335-6
☎0538-85-0311
時間/10:00～18:30
休み/木曜日

ねむの木こども美術館
掛川市上垂木あかしあ通り1-1
☎0537-26-3985
時間/10:00～17:00
(入館は16:30まで)
休み/年末年始

きみくらカフェ
掛川市大池2242-1大池公園内
☎0537-25-7744
時間/月～土曜日9:00～19:00
日曜日9:00～18:00
休み/火曜日、年末年始

あとがき

感謝!!
この本を読んで下さってありがとうございます。
数多くあるサイクリング本の中で、全てがイラストのものは見たことがありません。
BOOKコーナー
それならば私が作ってみたい!と強く思いました。
その思いを快く受け取ってくれた担当の岡本さん。
そしてカワイイ本に仕上げてくれたデザイナーの森さんのおかげです。
静岡県内・外を走ることではじめて自分の住んでる土地のことが
北海道
分かってきた気がします。
新城
台湾
カ
ポ
みなさんとどこかでお会いできることを楽しみにしています。
これを機に、私も新天地を目指します。
いざ出発!!

126

岩本　陽子

走るイラストレーター。
2003年パリ留学の際、ツール・ド・フランスにちなんだ
イベントを見かけたきっかけで自転車にハマり、
今も帰国後に購入した自転車を愛用している。
ゆるキャラをはじめ、行政の広報デザイン、商業デザインを
数多く手がけ、静岡県内外で個展を開く。
静岡県牧之原市在住。

http://yokoiwamoto.com

自転車でめぐる静岡スケッチ帖

2018年9月14日　第1刷発行

著　者　　岩本　陽子
装　丁　　森　奈緒子（sky beans）

発行者　　大石　剛
発行所　　静岡新聞社
〒422-8033 静岡市駿河区登呂 3-1-1
TEL 054-284-1666
印刷・製本　三松堂株式会社

ISBN 978-4-7838-2605-7 C0076

製作協力

コンセプト株式会社　静岡県サイクルツーリズム協議会
スローライフ掛川【自転車】部室　静岡遠州観光ネットワーク
こうふく観光プロジェクト検討委員会（豊頃町商工会）

川崎隆志さん　木下理代子さん　いずみまりこさん　相磯保温さん
伊藤徹郎さん　白鳥員史さん　井村和之さん　堀江ファミリー
蜂須賀守政さん　中村雄一郎さん　堀浩輝さん　久保博美さん